George Carter

Neue Ideen für winzige Gärten

Mit Fotos von Marianne Majerus

Deutsche Verlags-Anstalt München

Aus dem Englischen übersetzt von Maria Gurlitt-Sartori

Bibliografische Information der Deutschen Bibliothek
Die Deutsche Bibliothek verzeichnet diese Publikation in der Deutschen Nationalbibliografie; detaillierte bibliografische Daten sind im Internet über <http:dnb.ddb.de> abrufbar.

Titel der Originalausgabe *Garden Spaces*
Zuerst erschienen 2005 bei Mitchell Beazley,
Octopus Publishing Group Limited
2-4 Heron Quays, London E14 4JP

Fotos: Marianne Majerus
Zeichnungen: George Carter

Lektorat: Michèle Byam, Sarah Rock, Joanna Chisholm
Grafische Gestaltung: Vivienne Brar
Herstellung: Gary Hayes
Register: Sue Farr

Recherchen für die deutsche Ausgabe: Christoph Gurlitt
Satz der deutschen Ausgabe: Edith Mocker

Printed and bound in China by
Toppan Printing Company Limited

ISBN 3-421-03553-9

Inhalt

Einführung

Das vorliegende Buch präsentiert eine Vielzahl von Gestaltungsmöglichkeiten, um in Gärten, wie sie sich überall finden, ganz individuelle Wirkungen zu erzielen. Ob es darum geht, einen bereits angelegten kleinen Garten umzugestalten oder einen neuen anzulegen – hier wird mit Kreativität und Einfallsreichtum gezeigt, wie kleine Bereiche größer und weiträumiger erscheinen, ein ungünstig geschnittenes Grundstück vorteilhaft genutzt und selbst der unerfreulichste Anblick kaschiert werden kann. Mit seinem breiten Spektrum an Ideen wendet sich dieses Buch auch an Gartenliebhaber, die nicht über optimale Ausgangsbedingungen verfügen.

Natürlich heißt Regeln aufstellen immer auch eine Angriffsfläche für Kritik und Widerspruch bieten. Da es sich aber um Probleme handelt, die beim Gestalten von Gärten fast schon zwangsläufig auftreten, gilt es Möglichkeiten aufzuzeigen, wie sich diese bewältigen lassen. Und manchmal eröffnen sich ja auch ganz unterschiedliche Lösungen, ein Problem erfolgreich anzugehen.

Vorrangiges Ziel dieses Buches ist es, dem Leser in der Entwurfsphase des Gartens Rat und Hilfe zu geben, zu veranschaulichen, wie sich aus Plan und Aufriss ein Grundgerüst und somit eine gelungene dreidimensionale Gestaltung entwickeln lässt. Ausgerechnet in diesem Stadium, das Voraussetzung für jede bauliche Form und Bepflanzung ist, fehlt es meist aber an erforderlichem Mut und Selbstvertrauen. Dabei stellt die dem Garten zugrunde liegende Struktur die Basis jeder differenzierteren Gliederung und Bepflanzung dar.

So befasst sich dieses Buch mit der immer wieder vernachlässigten Frage nach der harmonischen Gewichtung von raumfüllenden Elementen und Freiflächen, von der die Schönheit eines Gartens so entscheidend abhängt. Es ist dieser skulpturale Ansatz, den ich als gelernter Bildhauer mit meiner Philosophie der Gartengestaltung verfolge und umsetzen möchte.

Dennoch geht es hier nicht um die Abstrahierung von Regeln, sondern um ganz konkrete Lösungen für eine Reihe immer wieder auftretender Probleme. Viele dieser Lösungen entpuppen sich als optische Tricks, dem Theater, der Malerei, der Bildhauerei, der Architektur oder den Prinzipien perspektivischer Darstellung »abgeschaut«. Obwohl es sich um Disziplinen handelt, die vordergründig nichts mit dem Gärtnern zu tun haben, sind es namentlich diese Quellen, von denen sich Gartenliebhaber von jeher inspirieren lassen. Es ist dieser Fundus an Ideen, auf den die Theoretiker vergangener Zeiten, angefangen bei Alexander Pope über Humphry Repton bis zu Geoffrey Jellicoe, um nur einige zu nennen, zurückgriffen, wann immer sie Anregung und Rat suchten.

Ob es Wege zu finden gilt, die vielfach isolierten und mehr oder weniger zufällig zusammengekommenen Elemente eines Gartens zu verbinden, ob Lösungen gesucht werden, die dem Bereich zugrunde liegende Struktur neu zu überdenken und umzugestalten oder ob die Planung eines Gartens vom ersten Spatenstich an vorgesehen ist – dieses Buch bietet dem Leser in jeder Entwurfsphase Hilfe und Inspiration.

◀ **Kulisse für eine komplexe naturnahe Bepflanzung**
Die überschäumende Wuchsfreude naturnah gestalteter Gärten erfordert als Kontrast einen entsprechend ruhigen Hintergrund. Hier bildet ein wirkungsvoll versilbertes Paneel von Pedro da Costa Felgueiras die perfekte Kulisse für das markante handförmige Laub eines Feigenbaums und das ungezähmte Bild der Stauden.

▶ **Naturnahe Bepflanzung eines übersichtlich gegliederten Bereichs**
Von oben betrachtet, veranschaulicht dieser kleine Garten in der Stadt eine ganze Reihe der in diesem Buch behandelten Gestaltungsideen: helles und dunkles Laub, das wirkungsvolle Kontraste bildet, ein dichter Pflanzengürtel, der die Begrenzungen aufzuheben scheint und Blickachsen, die das Auge in eine bestimmte Richtung lenken und die Aufmerksamkeit des Betrachters »fesseln«. All diese Elemente prägen das Bild dieser auf einem teilweise verborgenen geometrischen Rahmen basierenden Gestaltung.

Es gibt wenige Gärten, die »von selbst« Spannung und Überraschung erzeugen – meist gilt es, diese Effekte gezielt zu schaffen. Selbst eine winzige Oase in der Stadt lässt sich erfolgreich unterteilen. Paradoxerweise vermag gerade die Gliederung in noch kleinere Bereiche die Illusion von Größe zu vermitteln. Wo sich die tatsächlichen Begrenzungen verwischen und sich nur hin und wieder ein Blick auf dahinter Verborgenes bietet, gewinnt der verfügbare Raum beträchtlich an Weite. Diese Beobachtung gilt für alle Gärten, ob winzig oder groß, formal oder naturnah gestaltet. Allerdings sind manche der auftretenden Probleme so komplex, dass man sich zunächst einmal fragen wird, wo überhaupt anzufangen ist. So gilt es etwa zu klären, welche Materialien sich für Boden oder Umzäunung anbieten – Fragen, die in den folgenden Kapiteln behandelt und beantwortet werden; vielleicht, dass bestimmte Baustoffe den Raum ja auch größer erscheinen lassen oder eine optimale Lichtreflexion garantieren.

Je nach Projekt werden aber auch funktionale Aspekte der Gartengestaltung berücksichtigt: wie sich bauliche Elemente beispielsweise integrieren und die vielfach unterschiedlichen Ansprüche verbinden lassen, die sich an einen Garten stellen – Blumenrabatten und Gemüsebeete, Spielplatz, Stauraum, Werkstatt und Zimmer im Freien –, ohne zu riskieren, dass es dem Ganzen letztlich an Geschlossenheit, Stil und Harmonie fehlt.

Am meisten Nutzen wird man aus dem vorliegenden Buch ziehen, wenn man, wie Alexander Pope, der große Gartengestalter des

Zwanglose Bepflanzung innerhalb einer streng formalen Rahmenstruktur
Pfosten und gestaffelte Ebenen, durch Stützmauern aus Ziegelstein eingefasst, lassen eine Gartenszenerie mit interessanter Raumwirkung entstehen. Ein Wasserspiel am Ende der Hauptachse unterstreicht mit seiner horizontalen Ausrichtung die Breitenwirkung des Gartens. Eine vertikale Gestaltung würde dem Raum eine ganz andere Note verleihen.

18. Jahrhunderts sich ausdrückte, »den Genius loci zu erkunden« sucht. Auf unsere Zeit übertragen heißt dies, die Vor- und Nachteile eines Gartens gegeneinander abzuwägen, ganz gleich, wie prosaisch diese sein mögen, zumal sie selbst da zutage treten, wo von einem Garten noch nichts weiter zu sehen ist als kahle Erde.

Auf der Haben-Seite wird man verbuchen, wo sich die schönste Aussicht, die besten Lichtverhältnisse, ein verlockender Blick und die interessantesten Perspektiven vom Haus aus gesehen bieten. Auf der Soll-Seite dürften die zwischen Mauern eingeschlossenen Winkel und Ecken, eine hässliche Sicht, der unerwünschte Einblick aus den Fenstern benachbarter Häuser und dunkle, feuchte Stellen stehen – Aspekte, die beträchtlichen Einfluss auf Entwurf und Gliederung eines Gartens haben. Dennoch müssen Einschränkungen wie diese nicht zwangsläufig als Problemzonen betrachtet werden, zumal sie dem Garten oft jenen Schuss Humor verleihen, der ihn am Ende gar zu etwas Besonderem macht. Letztlich sind es nämlich vielfach diese Grundgegebenheiten, die impulsgebend wirken und über eine ganze Reihe Fragen entscheiden.

Ganz gleich wie groß ein Garten ist, bei der Planung gilt es mit breiten Pinselstrichen zunächst einmal die Basisstrukturen zu umreißen und sämtliche Details auf später zurückzustellen. Wenn das »Gerüst« erst einmal steht, fügt sich alles Weitere fast schon von selbst ein. Im Übrigen ist es dieses »Gerüst«, angefangen bei der Pflasterung über die Umzäunung bis zur Baum-, Sträucher- und Heckenpflanzung, das den größten Batzen Geld verschlingt und deshalb von Anfang an stimmen muss.

Scheuen Sie sich also nicht, in der Startphase großflächig und extrem schlicht vorzugehen; für Feinheiten ist später noch Zeit. Im Übrigen »vertragen« selbst noch so kleine Gärten ein unverhältnismäßig großes Objekt oder eine stattliche Pflanze, insbesondere im Vordergrund der Szenerie. Als zentraler Blickfang erregen diese Elemente jene Aufmerksamkeit, die das Auge wirksam von den beengten Raumverhältnissen ablenkt.

Wenn in diesem Buch immer wieder auf die Unterteilung des Raums in Vorder-, Mittelgrund und »Ferne« Bezug genommen wird, so als Verweis auf Perspektiven, wie man sie aus der Landschaftsmalerei kennt. Der Ansatz, diese imaginäre Gliederung auf Gärten und ihr Umfeld zu übertragen, ist jedoch keineswegs neu. So wusste der im 18. Jahrhundert lebende Gartenarchitekt Humphry Repton dieses Prinzip bei der Planung von großen Parkanlagen ebenso auszuschöpfen wie bei der Gestaltung kleiner Gärten. Aber insbesondere für winzige Gärten erscheint mir die Idee wie geschaffen, vermittelt sie dem Auge doch jenes Raumgefühl, das unterschiedliche Bereiche optisch voneinander abgrenzt. Wie sich eine solche Gliederung in Form der Bepflanzung und baulichen Gestaltung des Gartens verwirklichen lässt, wird in mehreren Kapiteln ausführlich erörtert.

Die in diesem Buch vorgestellten Ideen und Anregungen sind das Ergebnis meiner über 20-jährigen Erfahrung als Gartengestalter. Mögen sie dem Leser das erforderliche Selbstvertrauen vermitteln, sich an die Planung eines neuen Gartens zu wagen oder die Neugestaltung eines bereits vorhandenen anzugehen.

Der Plan

Optimale Raumwirkung durch Unterteilung des Grundstücks

Eine Blickachse schaffen

Wie klein Ihr Garten auch sein mag, machen Sie das Beste daraus, indem Sie in größtmöglicher Entfernung eine oder mehrere Blickachsen eröffnen. Nutzen Sie die gesamte Breite, Länge oder Diagonale des Geländes für linear ausgerichtete Perspektiven.

Die Gestaltung eines Gartens lässt sich mit dem Werk des Malers vergleichen, der ein Bild entwirft. Denn wie in der Malerei gilt es, ungeachtet der Größe des Raums, Vorder-, Mittelgrund und Ferne zu schaffen. Diese Gliederung erfolgt durch gezielt eingebrachte Unterteilungen. Eine klare Abgrenzung vorausgesetzt, wird man eine Distanz von wenigen Metern bereits als Ferne wahrnehmen, vergleichbar dem bis zum Horizont reichenden Blickfeld, das von Elementen in der näheren Umgebung eingerahmt wird.

Um eine Blickachse zu schaffen, benötigt das Auge ein Objekt oder Ziel, das die Aufmerksamkeit bannt. Geeignet wäre eine Skulptur, eine Vase oder gar ein kleines bauliches Element, aber auch eine besondere Pflanze oder ein imposanter Baum. Wofür man sich auch entscheidet, das Objekt muss klar definiert sein und markant umrissene Konturen zeigen. Bedenkt man, dass alles, was in der Ferne liegt, als blaugrün wahrgenommen wird – ein Farbeffekt, der durch die in der Atmosphäre enthaltenen Schwebeteilchen zustande kommt –, so scheiden die förmlich ins Auge springenden flammenden Farben wie Rot oder Orange für einen »fernen« Blickfang von vornherein aus.

Der Verlauf der Achse sollte sich nach den »Sonnenseiten« des Gartens richten. So ließe sich etwa die Wirkung eines besonders weiten Blickfelds ausschöpfen und durch einen entsprechend gestalteten Rahmen einfassen, aber auch eine Perspektive oder ein Objekt außerhalb des Gartens als Zielpunkt nutzen. Eine Alternative wäre, innerhalb des Gartens die Aufmerksamkeit auf einen Blickfang zu konzentrieren, der, hoch genug, sogar einen hässlichen Anblick wie den benachbarten Schuppen ausgrenzen oder gegen neugierige Blicke aus einem Fenster darüber abschirmen könnte. Als Zielpunkt bietet sich aber nicht nur ein einzelnes Objekt an – auch ein Szenenwechsel wie ein schattiger Mini-Hain aus Bäumen oder Sträuchern oder eine Bepflanzung mit ganz unterschiedlichem Charakter ließe sich integrieren.

Den schönsten Blick sollte man sich von seinem Lieblingsplatz aus einrichten, ob man ihn vom Wohnzimmer- oder Küchenfenster oder von der Terrasse beziehungsweise dem Balkon aus zu genießen beabsichtigt.

Um das Auge in Richtung Blickfeld zu lenken, bieten sich die unterschiedlichsten Möglichkeiten an. Die einfachste dürfte ein Streifen kürzer gemähtes Gras sein, der die beiden Punkte verbindet. Man kann aber auch gezielt dem Verlauf eines Wegs folgen. Im Übrigen bedarf es keineswegs immer einer geraden Linie, um die Aufmerksamkeit zu steuern, zumal es den Effekt von Blick-

Was ist eine Achse?

- Verleihen Sie Ihrem Garten szenische Wirkung, indem Sie Blickfelder eröffnen, die ein spektakuläres Objekt oder eine besondere Pflanze zum Ziel haben.
- Ob im Bereich der Breite, Länge oder Diagonale – entscheidend für die Hauptachse ist die Position eines oder mehrerer Aufsehen erregender Elemente.
- Zur Markierung einer Blickachse genügt es oft schon, einen Streifen Gras vergleichsweise kürzer zu mähen, dem Verlauf eines Wegs zu folgen oder den Raum zwischen zwei Beeten zu nutzen.
- Auch ein im Vordergrund aufgestellter Rahmen vermag das Auge auf ein bestimmtes Objekt zu lenken und somit ein Blickfeld zu umreißen.
- Um in kleinen Gärten die Illusion größtmöglicher Weiträumigkeit zu erzeugen, gilt es den Blickfang im Bereich der äußeren Begrenzung zu platzieren.

◀ **Das Auge lenken**
Anders als in großen Gärten wird man im kleinen Garten die Anzahl der Achsen eher beschränken. Aber auch hier gilt es, das Auge auf ein besonders sehenswertes Element oder ein schönes Blickfeld zu lenken – das kann ein Baum, eine faszinierende Aussicht oder etwas Selbstgeschaffenes sein.

▶ **Die Betonung der Längswirkung**
Dieser L-förmige Garten zeigt zwei im rechten Winkel verlaufende Achsen. Die Hauptachse ist durch schmale Wasserrinnen definiert und strebt auf ein in *Trompe-l'œil*-Manier gestaltetes klassizistisches Portal zu, die andere durch einen schlichten Kiesweg.

▲ **Mit geringstem Aufwand**
Am einfachsten lässt sich eine Achse durch unterschiedlich hoch gemähtes Gras ausweisen. Eingefasst durch Weiden- oder Haselbögen lenkt der serpentinenförmige Weg das Auge durch die Blumenwiese in Richtung schattigerer Gartenbereiche.

▼ **Das Auge steuern**
In diesem kleinen Garten in der Stadt führt ein langer zentraler Rasenstreifen zu einer Hainbuchen-Laube. Mit Buchs gesäumte Beete folgen dem Verlauf der Achse, deren Ende durch eine Vase markiert ist. Ein solcher Blickfang im Bereich der äußeren Begrenzung eines Geländes vermittelt ein Gefühl optimaler Weiträumigkeit.

► **Einen naturnahen Garten in Zaum halten**
Ein breiter gerader Rasenweg, der sich wie eine Schneise durch wiesenhaft hohes Gras zieht, verleiht diesem naturnahen Gartenbereich eine formale Note und weist zugleich eine Blickachse aus. Die schlichte Sonnenuhr entfaltet in diesem Rahmen eine ornamentale Wirkung, zumal der helle Stein einen schönen Kontrast zum schattigen Hintergrund bildet.

achsen auch in naturnah gestalteten Gärten auszuschöpfen gilt. Ob in Form von Serpentinen oder Bögen, Achsen sind immer wirkungsvoll, vorausgesetzt sie richten sich auf ein klar abgegrenztes optisches Ziel.

Eine Blickachse lässt sich aber nicht nur durch visuelle Impulse auf Bodenhöhe ausweisen – einen Weg oder eine gemähte Schneise etwa –, sondern auch durch eine Reihe vertikaler Rahmenstrukturen. So könnte ein Blickfeld durchaus auch von einem dunklen Baum links und rechts, Pfeilern aus Mauerwerk oder Holz flankiert oder durch einen mit Kletterpflanzen umrankten Bogen oder ähnliche Elemente eingefasst werden. Unterstreichen lässt sich die Wirkung, indem man nicht nur ein einzelnes Rahmenpaar aufstellt, sondern eines etwa im Vordergrund und ein weiteres in der Mitte.

Es kann ungeheuer Spaß machen, Blickachsen zu entwerfen, die einander kreuzen und nur von ganz bestimmten Stellen aus sichtbar sind, zumal diese ein gewisses Überraschungselement mit sich bringen, das zum Reiz eines gelungenen Gartens beiträgt.

Wer einen Garten vom ersten Spatenstich an plant, wird sich zunächst vielleicht schwer tun, Ausgangs- und Endpunkt einer Blickachse festzulegen. Aber selbst ein Gelände, das noch keinerlei »Gesicht« hat, bietet bei eingehender Betrachtung von Form und Zuschnitt Anregung für Ideen.

So können die Fenster, die auf den Garten hinaus gehen, »Zeiger« für den Ausgangspunkt einer Blickachse sein. Und wo noch gar nichts vorhanden ist, ließe sich die Ausrichtung des Geländes als Orientierungshilfe nutzen, denn sie bestimmt über den Lichteinfall und kann somit Schlüssel für das Ende einer Blickachse sein.

Ein nach Westen gerichtetes Gelände profitiert von der Abendsonne, den langen Schatten und Silhouetten. Umgekehrt bedeutet eine Ausrichtung nach Osten in den Abendstunden eine reizvolle indirekte Beleuchtung. Selbst wenn diese geländespezifischen Aspekte lediglich als Anhaltspunkt dienen können, so gilt es sie doch einzubeziehen, um gewisse Ideen zu realisieren.

◄ **Schlichte Gestaltungsidee**
Steinplatten entfalten in gemähtem Gras eindeutig richtungsweisenden Charakter. Zwei abgerundete Steine flankieren den Zugang im Vordergrund und bestimmen den Ausgangspunkt dieser Blickachse.

▼ **Richtungsänderung**
Die Bewegungsrichtung, die dieser Weg vorgibt, wird durch die mit Ziegelstein abgesetzten Schwellen dynamisch unterstrichen. Eine Vase bildet mit ihren klaren Konturen ein visuelles Ausrufezeichen und markiert zugleich die Richtungsänderung, die einen weiteren Blickfang erwarten lässt.

Ein Gefühl der Weiträumigkeit vermitteln

Es gibt viele Möglichkeiten, einen Raum größer erscheinen zu lassen als er tatsächlich ist. Beschränken Sie sich bei der Wahl des Bodenbelags auf ein einziges Material, das bis zum Rand der äußeren Begrenzung reichen sollte, und entscheiden Sie sich für eine schlichte und konzentrierte Bepflanzung.

Für einen winzigen Garten dürfte es kaum eine einfachere Lösung geben, als den gesamten Bereich bis zur äußeren Begrenzung zu pflastern oder mit Holzdeck auszulegen und dazwischen lediglich kleine Felder mit Erde auszusparen. Man könnte die Bepflanzung aber auch ausschließlich auf Töpfe und Kübel beschränken. Um ein Gefühl der Weiträumigkeit zu vermitteln, empfiehlt es sich, die Blumenbeete nach Möglichkeit auf die äußeren Ränder oder ein einzelnes schlichtes Beet zu konzentrieren.

Was den Bodenbelag betrifft, wirken Materialien mit ruhiger Textur und einheitlicher Färbung am schönsten, denn ein Aufeinandertreffen verschiedener Oberflächen und Farben ist in kleinen Bereichen kaum je ratsam. Die Beschränkung auf ausschließlich ein Material mit planen, schmalen Fugen lässt den Raum insgesamt großzügiger und geräumiger erscheinen. Ganz kleine Bereiche wie etwa Dachterrassen gewinnen an Raumwirkung, wenn für die Verkleidung der Mauerbrüstungen oder Umzäunungen sowie den Boden lediglich ein Material in ein und derselben Farbe ausgewählt wird.

Um auf einem langen, schmalen oder kurzen, breiten Gelände eine Art Gegeneffekt zu erzeugen, gilt es parallel zur kürzesten Strecke eine lineare Wirkung zu erzielen. Demgemäß sollten in einem kurzen Garten die Planken des Holzdecks parallel zur »Schmalseite« verlaufen, weil sie aufgrund ihrer richtungsweisenden Wirkung die Illusion größerer Länge fördern. Die schmalen Fugenlinien und Verbindungsstellen der Holzplanken lenken das Auge gezielt von der unverhältnismäßigen Breite ab und machen somit das Beste aus den ungünstigen Proportionen. Im Fall von Pflaster lässt sich ein ganz ähnlicher Effekt erzielen, wenn die Fugen der Binder in die gleiche Richtung laufen. Die scheinbar aufeinander zustrebenden Linien der Fugen täuschen eine größere Länge vor. Die gleiche Idee lässt sich auch auf Mauerflächen übertragen. So wird ein Spalier mit längs der Mauer verlaufenden Latten optisch noch länger wirken (s. rechts).

Selbst wenn es keine absolut verbindlichen Gestaltungsregeln geben kann, heißt es bei beengtem Raum doch generell auf lebhaft strukturierte Materialien zu verzichten. So wird man für kleine Bereiche erfahrungsgemäß Kies in erbsengroßer Körnung (1 Zentimeter und darunter) verwenden, kein gröberes Material. Auch kommt die glatte Oberfläche von geschnittenem oder behauenem Stein besser zur Geltung als eine stark geriffelte Textur. Aus dem gleichen Grund sollte man auch keinen unruhig gemaserten oder auffallend mehrfarbigen Stein verwenden, sondern eher auf eine harmonisch einheitliche Farbwirkung setzen.

Dennoch wäre es falsch, dieser Empfehlung für dezent zurückgenommene Effekte allzu dogmatisch zu folgen, zumal in einem kleinen Bereich, meines Wissens, nichts imposanter wirkt als ein oder

◄ **Vorgetäuschte Breitenwirkung**
Die Beschränkung auf lediglich ein Oberflächenmaterial, das sich von einer Seite zur anderen des schmalen Bereichs zieht, betont die Breitenwirkung des Raums. Diese Betonung der Horizontalen lässt sich auch auf die äußere Begrenzung ausdehnen. Unterstrichen wird der Effekt zusätzlich durch breite Pflanzbänder, die den Raum staffeln.

▲ **Lineare Effekte**
Die ausgeprägten parallelen Linien von Holzdeck und Wandverkleidung scheinen die Breite und Tiefe dieses winzigen Gartens optisch auszuweiten. Durch Einbeziehung eines Großteils der Bodenfläche – hier wird nahezu der gesamte Raum genutzt –, entsteht der Eindruck von Weiträumigkeit. Die auf zwei Seiten hochgezogenen Planken sorgen für reichlich Sitzgelegenheit, ohne viel Raum zu beanspruchen. Die Bepflanzung beschränkt sich konsequent auf schmale Randbeete und Kletterpflanzen.

Designtechniken

- Halten Sie die verfügbare Bodenfläche nach Möglichkeit frei von Blumenbeeten und beschränken Sie sich auf ausschließlich ein Material.
- Wer nicht auf Blumenbeete verzichten mag, konzentriert diese am besten auf die Randbereiche des Gartens.
- Um auf einem langen, schmalen oder einem kurzen, breiten Gelände eine Art Gegeneffekt zu erzeugen, gilt es Holzdeck oder Pflaster parallel zur kürzeren Seite zu verlegen.
- Setzen Sie auf die Wirkung markanter Pflanzblöcke in monochromer Farbgebung, anstelle einer kunterbunten Vielfalt unruhig texturierter, kleiner Pflänzchen.

◀ **Von Bäumen gesäumte Blickachse**
In der Breite entspricht dieser Hof mit Kiesbelag, der auf ein modernes Gebäude zuführt, genau der Projektion der Glasfront. Seine Weiträumigkeit wird lediglich durch einen einzelnen Baum mit glattem hohem Stamm unterbrochen, an den sich »nahtlos« der Kiesbelag anschließt. Linden mit ineinander verflochtenen Zweigen unterstreichen die geometrische Formensprache der Architektur und verstärken den Aspekt der Bewegung innerhalb des Raums.

▼ **Pflaster, maßgerecht wie ein Teppichboden**
Ein Blick aus der Vogelperspektive zeigt, wie effektvoll von Wand zu Wand reichendes Pflaster, nur auf zwei Seiten von schmalen Beeten gesäumt, in einem kleinen Garten in der Stadt wirken kann. Töpfe und Kübel sind auf die Ränder beschränkt, um die Weite des Raums nicht zu beeinträchtigen.

▲ **Formale Rahmenstruktur**
Dieser kleine Raum steht ganz im Zeichen einer straffen, diszipliniert geometrischen Gestaltung, der die Bepflanzung ebenso folgt wie die Pflasterung und das niedrige Mauerwerk. Die blockartige Konzentrierung des Pflanzbereichs auf ausschließlich eine Seite des Gartens erzeugt eine dem minimalistischen Charakter der Architektur entsprechende Kulisse. Blickfelder, die sich dem Auge teilweise entziehen, wecken Erwartungen auf dahinter verborgene Gartenräume.

mehrere markante, unverhältnismäßig groß dimensionierte Objekte wie Vasen, Pfeiler oder Skulpturen. Diese kommen besonders gut zur Geltung, wenn man sie im Bereich des Hauptblickfelds, einem Fenster oder einer Terrasse etwa positioniert. So bilden sie selbst in winzigen Gärten einen spektakulären dunklen Rahmen und verleihen der übrigen schlichten Gestaltung, insbesondere farblich heller gehaltenen Arrangements, eine ausgeprägt perspektivische Präsenz.

Große Pflanzen wie Bäume oder Sträucher sollten nach Möglichkeit bis zu einer Basis von 60 bis 90 Zentimetern Höhe unbelaubte Stämme zeigen, damit die Bodenfläche durchgängig frei erscheint. Sparen Sie auch nur ganz wenig Platz für das Pflanzfeld aus und decken Sie es im Umkreis des Stamms mit einer Kies- oder Mulchschicht ab, die sich farblich dem Pflaster oder einem anderen Bodenbelag anpasst. Hoch werdende Bäume und Sträucher mit schmaler Basis sind in diesem Kontext besonders brauchbar, denn sie bringen Höhe ins Bild, ohne zu viel Bodenfläche zu beanspruchen. Siedeln Sie diese höheren Pflanzen im Bereich der äußeren Begrenzung des Geländes an, um den Mittelbereich für niedrigere Pflanzen zu reservieren.

In der Regel empfiehlt es sich, auf ein Kunterbunt unruhig texturierter Pflanzen zu verzichten, denn ein auf Grau- oder Blautöne (zurückweichende Farben also) beschränktes Farbschema wirkt schöner als eine mehr oder weniger willkürliche Gegenüberstellung schriller Rot- und Orangetöne. Dennoch lassen sich Pflanzen mit Blüten in flammenden Farben im Vordergrund der Szenerie gut einsetzen, unterstreichen sie doch die Wirkung der zurückweichenden kühleren Farben am anderen Ende. Ganz ähnliche Gründe sprechen für Pflanzen mit auffallendend texturierten großen Blättern im Vordergrund und ruhiger gezeichnetem kleinerem Laub weiter hinten.

Reflektierende Oberflächen
Es ist nicht zuletzt der Kontrast zwischen geometrischer Strenge und zwanglos üppiger Vegetation, der den Reiz von Gärten unterschiedlichster Art ausmacht. Das Gefühl der Weite entspringt hier dem wirkungsvollen Zusammenspiel der lichtreflektierenden hellen Mauern und Steinfliesen sowie der ruhigen Wasseroberfläche, in der sich der Himmel spiegelt. Die nahezu einheitlich hohe Unterpflanzung der unbelaubten glatten Stämme trägt gleichermaßen zur Großzügigkeit der Szenerie bei.

Ein Gartengrundstück diagonal unterteilen

Obwohl Gartengrundstücke in der Regel rechteckig sind, lässt sich durch diagonale Unterteilung mitunter zusätzliche Dynamik einbringen und somit zugleich ein überraschender optischer Effekt erzielen.

Oft genügt schon ein einziger geschickter Schachzug, und selbst das langweiligste Gelände ist nicht wiederzuerkennen. Die Planung eines rechteckigen Grundstücks muss nämlich nicht zwangsläufig rechte Winkel einschließen, zumal 45-Grad-Winkel oder noch spitzere Ecken reizvolle Alternativen eröffnen. Man braucht den Raum nur durch eine schlichte diagonale Unterteilung aufzubrechen, und schon bieten sich ganz neue Möglichkeiten. Zum einen wird das Auge unwillkürlich in eine Ecke gelenkt und somit eine interessantere Perspektive aufgetan, als sie das Gebäude unmittelbar gegenüber vielleicht bietet. Zum andern entsteht so zugleich Raum für die Arbeitsecke, die in keinem Garten fehlen darf, aber auch für einen Vorgarten-Bereich. Zu bedenken ist auch, dass der Raum durch eine diagonale Gestaltung beträchtlich an Dynamik und Lebendigkeit gewinnt, während ein rechteckiges Design eher Ruhe und Statik ausstrahlt. Dabei wird sich der genaue Verlauf der Diagonale nach der erforderlichen Größe der beiden Bereiche richten.

Sobald man sich über diese grundsätzliche Gestaltungsidee im Klaren ist, gilt es, sie vom Plan auf den dreidimensionalen Raum zu übertragen. Am besten beginnt man, entlang oder im Umkreis dieser Linie eine vertikale Unterteilung einzubringen. Das kann ein Gitter sein, das in Form eines Spaliers Einblick in den anderen Gartenbereich gewährt, aber auch eine kompakte Hecke oder Wand aus Holzplanken, die sich dem Blick entgegen stellt. Diese vertikale Fläche bildet einen neuen Hintergrund für eine differenziertere Bepflanzung oder ein Ornament. Die neue Linie bestimmt zugleich aber auch über weitere Details der Gestaltung wie etwa Stufen, Pflasterflächen oder

Diagonal unterteilter Garten
Dieser Garten erhält aufgrund der diagonalen Unterteilung durch ein 1,80 Meter hohes Spalier eine neue Dynamik. Die Begrenzung auf der rechten Seite wurde gleichermaßen mit Spalieren versehen. Durch eine solche Gliederung lässt sich auf der linken Seite ein Nutzgartenbereich einrichten, in dem Gemüse angebaut, ein Komposter Platz finden oder eine Spielecke für die Kinder integriert werden kann. Der Bereich auf der rechten Seite kann als Ziergarten gestaltet, vom Haus aus gesehen, ein reizvolles Blickfeld bieten.

Warum Diagonalen?

- Eine Unterteilung selbst kleinster Bereiche lässt diese paradoxerweise größer erscheinen.
- Diagonale Linien erzeugen in der Gartengestaltung eine lebendige Dynamik und Bewegung, während rechteckige Linien ruhiger und statischer wirken.
- Die Diagonale ist die längstmögliche Entfernung in einem Gartengrundstück; wer sich diese zunutze macht, erhält die größtmögliche Blickachse.
- Diagonale Linien können das Auge gezielt von einem unschönen Anblick ablenken.
- Oft können bereits vorhandene Elemente Ausgangspunkt für diagonale Gestaltungsmuster sein – so etwa die Position eines Tors, des Schuppens, eines Gewächshauses oder der Garage.

Bewegung in einem Garten erzeugen
Zickzackartig verlaufende Wege oder Pflanzungen (niedrige Lavendel- oder Buchshecken beispielsweise) verleihen einem Gelände Dynamik, insbesondere wenn, wie hier, ein Rosenbogen integriert wurde. Sie laden zum schrittweisen Erkunden einer Reihe separater, ganz unterschiedlich gestalteter Pflanzbereiche ein.

bauliche Elemente, die Form der Rabatten, Bepflanzung und anderes. Selbstverständlich erfordert diese neue Unterteilung auch Öffnungen, sowohl als Zugang als auch um der optischen Wirkung willen, eröffnet sie doch ganz neue Perspektiven, die sich im Raum dahinter auftun. Denken Sie daran, dass verborgene Bereiche, die sich lediglich andeutungsweise abzeichnen, nicht aber voll einsehbar sind, die Illusion eines weit über die tatsächlichen Begrenzungen hinausgehenden Gartens vermitteln. Dies vor Augen forderte Alexander Pope im frühen 18. Jahrhundert: »Dezent verhüllt mit Schönem kokettiere, Kunst im Verborgenen erst recht brilliere.« Die Rede ist von jenem Gefühl der Erwartung und Überraschung, das den Reiz faszinierender Gärten ausmacht.

Auch ein konisch zulaufendes Gelände bietet Möglichkeiten für das Spiel mit falschen Perspektiven, vorausgesetzt, man schafft innerhalb enger Grenzen einen Fluchtpunkt, der die Illusion einer größeren Tiefe, als tatsächlich vorhanden, nährt. Um diesen Aspekt auszuschöpfen, bieten sich mehrere Tricks an. So kann man sich beim Pflastern die Wirkung kontinuierlich schmaler werdender Linien zunutze machen. Sie lassen einen kurzen Weg überraschend lang erscheinen, auch wenn das parallele Verlegen der Fliesen entschieden einfacher ist. Man kann aber auch einen diagonal verlaufenden Weg in Zickzack-Form anlegen, was ungeheuer interessant und dynamisch wirkt. Im Übrigen profitiert ein Weg aus Holzplanken auch von einem Richtungswechsel.

Ausgeprägt diagonale Effekte lassen sich aber nicht nur auf Wege oder bauliche Gestaltungselemente übertragen; auch diagonale Beetbegrenzungen bieten sich dafür an. So können Beet- oder Rabatteneinfassungen aus Buchs, *Teucrium chamaedrys*, Lavendel oder *Ophiopogon nigrescens* in Farbe und Textur einen dekorativen Kontrast zu weniger formalen Pflanzschemen im Inneren bilden und in großen wie kleinen Gärten Blickfangwirkung entfalten. Ganz ähnlich lassen sich auch die von Piet Oudolf bevorzugten großflächigen Gräserhorste und Staudenpflanzungen einsetzen, die in Form kühner Driften in naturnah bepflanzten Gärten eine Richtungsänderung einleiten und auch ohne bauliche Strukturen, allein aufgrund der Bepflanzung ins Auge fallen. Welche Gestaltungsideen man auch favorisiert, wichtig ist, sich auf eine schlichte ausgeprägte Linienführung zu beschränken.

▲ Im Zeichen der Diagonale
In diesem Garten dominiert eine konsequente diagonale Gestaltung. Die Hauptwege, die ein Andreaskreuz bilden, entfalten mit Blickachsen in alle Richtungen eine eigene Dynamik. Mit den beiden rautenförmigen Wasserbecken wird dieses Gliederungsmuster erneut aufgegriffen. Auch die erhöhten Beete und Spalierwände folgen den Winkeln der Wege und erzeugen eine dreidimensionale Wirkung.

▶ Hell-Dunkelkontraste
Einfassungen aus hellem Stein trennen die Beete von der Rasenfläche. Mit ihrer akkurat rechtwinklig gebrochenen Linienführung verleihen sie dem ursprünglich eher statisch wirkenden länglichen Gelände eine unübersehbare Dynamik. Der kräftige Kontrast zwischen Stein und Bepflanzung unterstreicht diesen Effekt.

▲ **Alles im Winkel**
Die Vogelperspektive veranschaulicht, dass sämtliche baulichen Elemente – Stufen, Pergola und Terrasse – in diesem mauerumgebenen länglichen Grundstück diagonal verlaufen. Die dreieckigen Beete, die dadurch entstehen, sind, von oben betrachtet, eindeutig als Dreiecke erkennbar, während ihre Geometrie auf Bodenniveau weniger bestimmend ins Auge fällt.

◀ **Eindeutige Richtungsvorgaben**
Schon wenige kraftvolle Linien genügen, um eine Bewegungsrichtung im Garten vorzugeben. Hier bringen die unregelmäßig langen, in einem Kiesbett verlegten Steinfliesen ein effektvolles Moment ein, das über die tatsächliche Form des Gartens hinwegtäuscht und über die Diagonale als längste Achse ein Maximum an Wirkung erzielt.

▼ **Von Rechtecken eingeschlossene Dreiecke**
Durch diagonales Verlegen des Holzdecks entstehen Pflanzbereiche, die über den rechteckigen Grundriss des Geländes hinwegtäuschen – ein Kunstgriff, der den Raum optisch größer erscheinen lässt, indem mit der Diagonale die längstmögliche Blickachse genutzt wird. Konsequent weiter verfolgt wird dieses Gestaltungsmuster mit der Anordnung der Töpfe und der Möblierung des Gartens.

Gartenzimmer mit unterschiedlichem Charakter

Selbst der kleinste Garten profitiert von einer Unterteilung in separate »Zimmer« im Freien – ein Kunstgriff, der den Raum nicht nur größer erscheinen lässt, sondern auch die Möglichkeit bietet, unterschiedliche Pflanzstile zu entwickeln.

Die meisten Gartenliebhaber sind mit der Vorstellung, Gärten in klar voneinander abgegrenzte, separate Bereiche zu unterteilen dank der inspirierenden Beispiele von Sissinghurst in Kent und Hidcote in Gloucestershire hinreichend vertraut. Vergessen wird allerdings vielfach, dass sich die Idee nicht nur im großen Maßstab verwirklichen lässt. So paradox es anmuten mag, die Unterteilung eines räumlich beschränkten Gartens durch eine Hecke, eine Wand oder die geschickte Staffelung der Ebenen lässt das Grundstück ungleich größer erscheinen als es tatsächlich ist. Dieser Effekt kann aber auch durch eine weniger formale Unterteilung als eine Hecke oder eine Mauer erzielt werden: oft genügt schon ein »Wall« aus immergrünen Sträuchern. Dass dieser optische Trick kaum je seine Wirkung verfehlt, hat mehrere Ursachen: Erstens wird über die tatsächliche Größe des Geländes hinweggetäuscht, zweitens wird das Auge durch die entschieden differenziertere Bepflanzung und das Mehr an Wirkung abgelenkt und drittens bringen die kleinen Winkel und Ecken, die aufgrund der komplexeren Gestaltung entstehen, ein zusätzliches Element der Erwartung und Überraschung mit ein.

Besonders gut lässt sich die Idee auf die meist langen, schmalen Gärten in der Stadt übertragen. Man braucht sich nur vorzustellen, längs dieser Handtuchform eine Reihe teilweise abgeschirmter Bereiche zu schaffen und diese durch einen geraden oder gewundenen Weg zu verbinden. Je nach Länge lassen sich vier bis fünf verschiedene Räume einrichten, die, vom Haus ausgehend, eine Terrasse mit Blick auf eine kleine Rasenfläche, einen separaten Blumengarten, einen Bereich für Gemüse, Platz zum Wäschetrocknen oder Spielen und im An-

Warum Unterteilungen schaffen?

- Erstaunlicherweise erscheint selbst der kleinste Garten durch eine Unterteilung optisch größer.
- Lange, schmale Gärten bieten sich geradezu an, eine Reihe von »Zimmern« mit unterschiedlichem Charakter zu schaffen. Durch Hecken oder Spalierwände unterteilt, lassen sie sich ganz unterschiedlich nutzen.
- Ein in verschiedene Bereiche gegliederter Garten kann formale oder zwanglos naturnahe Unterteilungen enthalten.
- Unterteilungen täuschen über die tatsächliche Größe des Gartens hinweg und erzeugen Spannung und Überraschung.

◄ **Visuelle Unterteilungen**
Oft bedarf es nur einer Andeutung und kaum je »fester« Wände, um Gartenräume mit unterschiedlichem Charakter zu schaffen. Anders als kompakte Trennmauern vermitteln solche visuellen Akzente den Eindruck separater »Zimmer«, ohne die Sicht von einem in den anderen Bereich zu blockieren.

► **Stimmungswandel**
Die Unterteilung eines Gartens in separate »Zimmer« schafft Raum für Teilbereiche, die sich auch stilistisch unterscheiden. Dieser schlichte, lediglich durch Eibenhecken begrenzte Essbereich hebt sich wirkungsvoll von der wldhaften Bepflanzung im Hintergrund ab.

▲ **Transparente »Wände«**
Zur Unterteilung eines Gartenraums bedarf es, wie man hier sieht, oft nur einer Andeutung, denn die luftige Abschirmung aus Drahtgeflecht erfüllt auf der einen Seite dieses Esszimmers im Freien die Funktion einer »Wand«. Die anderen »Wände« bestehen lediglich aus Pfosten, Buchskugeln und einer Buchseinfassung sowie der Pflasterfläche für Tisch und Stühle.

▼ **Einen Gartenbereich gliedern**
Räume im Freien sind nicht auf Wände angewiesen. Sie lassen sich durch unterschiedliche Bodenmaterialien oder auch nur andeutungsweise horizontale Unterteilungen gliedern. Optisch sollten die in Stil und Charakter unterschiedlich gestalteten Bereiche aber so klar umrissen sein, dass sie als separate Räume wahrgenommen werden. Diese Funktion erfüllen hier niedrige Mauerabschnitte.

► **Ähnliche Materialien einsetzen**
Eine klare Abgrenzung zwischen Innen- und Außenraum kann sehr wirkungsvoll sein. Manchmal gestaltet sich die Trennung zwischen den beiden Räumen aber so unauffällig, dass sich kaum unterscheiden lässt, ob der Sitzbereich innen oder außen angesiedelt ist. Die konsequente Weiterführung des Holzdecks scheint den Essplatz in den Garten auszudehnen.

schluss daran, hinter Sichtschutzwänden verborgen, Lager- und Stauraum sowie einen Komposter umfassen können. Ein 8 Meter breites und 15 Meter langes Grundstück würde genügen, um diesen ehrgeizigen Entwurf zu verwirklichen, während sich auf einem entsprechend kleineren Gelände zwei bis drei dieser »Zimmer« einrichten ließen.

Für solche Unterteilungen bieten sich vorrangig immergrüne oder laubabwerfende Hecken an, die sich mit 1,50 bis 1,80 Meter Höhe insbesondere zur Abgrenzung formal gestalteter Bereiche wie eines Ess- oder Sitzplatzes im Freien eignen. Ein Nachteil ist, dass sie auf begrenztem Raum oft zu viel Schatten werfen, was bei leichteren, offeneren Abschirmungen wie Spalieren nicht zu befürchten ist, sofern separate Bereiche für Stauden oder Rosen, ein Potager oder schlichte Kräuter- und Gemüsebeete vorgesehen sind. Auch niedrige Einfassungen aus Buchs, Heiligenkraut *(Santolina)* oder Lavendel wirken gliedernd. Wo einzelne abgegrenzte Bereiche gefragt sind, sollte eine Staffelung der Grundfläche ebenso in Betracht gezogen werden wie vertikale Unterteilungen. So könnten die Kanten eines Holzdecks zur Trennung und Unterteilung von Böschungen mit naturnaher Bepflanzung eingesetzt werden. Der Übergang von einem Bereich zum nächstfolgenden ließe sich, dem jeweiligen Charakter entsprechend, durch unterschiedlich gestaltete Ebenen unterstreichen.

An Stelle formaler Unterteilungen kann man aber auch eine lockere Abschirmung aus Bambus oder eine Gruppe frostverträglicher Palmen und Baumfarne ins Auge fassen. Eine solche Dschungelatmosphäre bildet einen reizvollen Kontrast zum hellen und lichten Bild eines gepflegten Rasenteppichs. Machen Sie sich bei der Gestaltung

◄ **Stimmungsumschwung**
Bereits die Kontrastwirkung zwischen der Rasenfläche oben und dem Schachbrettmuster aus Gras und Steinfliesen unterhalb verleiht einem von Hecken umgebenen Gartenzimmer einen anderen Charakter. Gartenräume profitieren von den größtmöglichen Gegensätzen wie der Hell-Dunkel-Wirkung oder einfach und komplex gestalteten Bereichen. Alle Gärten erfordern diese Polarität zwischen spartanischer Schlichtheit und Prachtentfaltung.

► **Urbaner Garten, geschickt unterteilt**
Die Terrasse im Vordergrund und das tieferliegende Wasserbecken sind durch Beete mit architektonischen Blattpflanzen getrennt, die sich markant von der Eibenhecke im Hintergrund abheben. Hinter der Eibenhecke am anderen Ende des Gartens erkennt man verschiedene Bambusarten, die sich uneingeschränkt ausbreiten dürfen. Der zentrale Weg im Vordergrund, der von einem Bereich in den nächsten überleitet, teilt sich weiter hinten und bringt, nach links und rechts abzweigend, zusätzliche Abwechslung ins Bild.

◄ **Reizvolle Blickachse**
Dieser Garten setzt auf Wirkung in großem Maßstab, zugleich aber auch auf die schlichteste aller skulpturalen Formen, um eine Sequenz verschiedener Räume zu schaffen. Das ganz auf Grüntönen basierende Design lebt von den Unterschieden in Textur und Schattierung. Die ausschnittartige Öffnung innerhalb des kreisförmigen Steinornaments lässt einen weiteren Raum dahinter erahnen.

dieser Zimmer im Freien grundsätzlich diese Kontrastwirkung zunutze; je mehr sich Stil, Farbe und Textur von Bereich zu Bereich wandeln, desto größer und vielfältiger die Wirkung. Wie anders ließe sich der Zauber erklären, der sich beim Blick aus dem Fenster auf eine Reihe kleiner urbaner Gärten darunter bietet: jenes malerische Kunterbunt der Farben und Formen – hier schlicht, dort subtiler –, als ob es nur darum ginge, die Wirkung des Nachbargartens zu unterstreichen. Nichts führt uns anschaulicher vor Augen, wie facettenreich und individuell sich die Vorlieben im Garten äußern, als diese von einem Netz von Straßen durchzogenen Oasen in der Stadt, die ihren Charme dem unvermittelten Hin und Her zwischen den Stilen verdanken. Wie ein Menü mit mehreren Gängen erfordern auch Gärten eine entsprechend ausgewogene Gegenüberstellung von schlichten und komplex konzipierten Abschnitten, um optisch »bekömmlich« zu sein. Dabei lässt sich selbst der kleinste Flecken abwechslungsreich unterteilen.

▲ Strukturen aus Holz
Zweierlei Zaunelemente deuten Unterteilungen an, die durch den Kontrast von Licht und Schatten unterstrichen werden. Ein schlichtes Spalier mit offenen rautenförmigen Feldern und ein Staketenzaun heben sich silhouettenartig von der helleren Bepflanzung ab, was ihre Strukturierung wirkungsvoll unterstreicht.

◄ Kontrastreiche Bepflanzung
Unterschiedliche Pflanzschemen können zur Gliederung eines Gartens in separate Bereiche ebenso wirkungsvoll beitragen wie eine Mauer oder eine Hecke. Hier bilden große Gruppen aus *Ligularia* 'The Rocket', *Aruncus dioicus* und *Cornus alba* einen imposanten Vordergrund für die wesentlich schlichter gehaltene Komposition, die sich »in der Ferne« verliert.

Garten auf verschiedenen Ebenen

Ein flaches Gelände mag zwar die einfachste Lösung sein, wird im Gegensatz zu einem in Ebenen unterteilten Gelände aber kaum vergleichbare Spannung erregen. Meist lässt sich ein solches Manko aber beheben. Auch Bereiche im Anschluss an das Souterrain bieten Möglichkeiten für faszinierende Gestaltungseffekte.

Stufen, Rampen und kleine gepflasterte Plattformen bringen Abwechslung in ein flaches Gelände und bieten sich gleichermaßen als Sitzplatz an wie als »Forum« für eine Vase oder ein anderes Ornament.

Eine Reihe flach abfallender Stufen, deren Trittflächen aus kurz gehaltenem Gras bestehen und durch eine niedrige Setzstufe aus Ziegel oder Steinbändern eingefasst sein könnten, gehört zu den einfachsten und wirkungsvollsten Gestaltungsideen für eine vom Haus aus allmählich ansteigende Böschung. Besonders gut zur Geltung kommen solche Stufen, wenn sie nahezu die gesamte Breite des Gartens einnehmen. Dabei sollten die gemauerten Begrenzungen so konzipiert werden, dass sie, wie auf dem Bild rechts, das Mähen nicht behindern.

Ein vom Haus aus abfallendes Gelände, das sich weitgehend dem Blick entzieht, erfordert hingegen ganz andere Maßnahmen. Hier sollte man sich überlegen, ob sich der Hang nicht in mehrere Terrassen mit kleinen Stützmauern oder eine Reihe großzügig dimensionierter Ebenen mit steiler Böschung gliedern ließe, was wesentlich interessanter wirken kann als ein kontinuierlich abfallender oder nur leicht gebrochener Hang. Ins Blickfeld rücken dann nämlich diese Terrassen, die, mit Mittelmeerzypressen oder hoch aufragenden Wacholderbäumen bepflanzt, die Staffelung der Ebenen unterstreichen und beim Hinauf- wie Hinunterschauen ins Auge fallen.

Wo der Hang, wie so oft, in zwei Richtungen verläuft, erfordert die Planung mehr Einfallsreichtum. Da ein lediglich aus einer Böschung bestehender Garten in der Regel unbefriedigend ist, sollte man zumindest einen kleinen ebenen Bereich oder ein Fleckchen Rasen einplanen, denn ein Sitzplätzchen ist schließlich immer gefragt. Wo sich dieses vom Haus aus gesehen integrieren lässt, ergibt sich in der Regel aus der Topografie, grundsätzlich sollte es aber nicht zu weit davon entfernt sein. Eine große Hilfe in der Entwurfsphase bietet ein Vermessungsplan, der die vorhandenen Ebenen eindeutig ausweist. Vom Fachmann erstellt, bildet er eine wesentliche Voraussetzung für die Planung der diversen Terrassierungsmaßnahmen beziehungsweise das für unterschiedliche Ebenen und Rampen erforderliche Abtragen und Auffüllen von Erde.

Zur Terrassierung eines Geländes bieten sich die unterschiedlichsten Methoden an – am beliebtesten sind niedrige Stützmauern aus Naturstein oder Ziegel. Eine einfache Lösung sind kesseldruck-

◀ **Gärten in Hanglage**
Größere Niveau-Unterschiede erfordern in der Regel architektonische Maßnahmen wie die Konstruktion von Stufen und Stützmauern. Sie erzeugen Spannung und bieten die Möglichkeit, unterschiedliche bauliche Materialien einzubringen, die, jedes auf seine Art, reizvoll wirken. Um die harten Konturen von Stufen, Mauern und Pflaster abzurunden, bedarf es einer entsprechenden Bepflanzung.

▲ **Weite vermitteln**
Breite, flache Stufen, die, mit Gras bewachsen, durch steinerne Rampen eingefasst sind, bilden einen grandiosen Aufgang zu einer erhöhten Terrasse. Die horizontale Linienführung der Stufen wird durch die den Raum überspannende niedrige Pergola mit Bank erneut aufgegriffen. Durch die Einbeziehung der gesamten Breite können selbst beengte Gärten in der Stadt ein Gefühl der Weiträumigkeit vermitteln.

Warum unterschiedliche Ebenen?

- Niveau-Unterschiede verleihen einem Garten eine gewisse Dramatik und Spannung, ob es darum geht, ein abschüssiges Gelände bestmöglich zu nutzen oder ein durchgehend flaches Grundstück durch eine Staffelung der Ebenen zu »brechen«.
- Ein Garten, der lediglich aus einer Böschung besteht, erweist sich in der Regel als unbefriedigend. Schaffen Sie wenigstens kleine ebene Bereiche, die sich als Sitzplatz nutzen lassen und das abfallende Gelände oder die Stufen zugleich gliedern helfen.
- Ein Hang, der vom Haus aus abfällt, erfordert ganz andere Maßnahmen als ein vom Haus aus ansteigendes Gelände.
- Ziehen Sie die vielfältigen Möglichkeiten, Stufen zu bauen in Betracht. Das Spektrum reicht vom ländlichen Charakter grasbewachsener und mit Holzrampen eingefasster Stufen bis zur formalen Strenge massiver Steinschwellen.
- In einem kleinen Garten entfalten Stufen, die die gesamte Breite einnehmen, eine grandiose Raumwirkung.

▲ **Terrasse mit Podestcharakter**
Auf einem vom Haus aus ansteigenden Gelände ist es oft ratsamer, den Sitzbereich nicht, wie allgemein üblich, als Erweiterung des Wohnbereichs, sondern eher in einiger Entfernung davon zu planen. Die genaue Position wird sich ohnehin nach der Sonneneinstrahlung richten.

imprägnierte Holzplanken. Auch Flechtelemente aus Weiden- oder Haselruten (so genannte Hürden), wie sie im Mittelalter für erhöhte, mit Gras bepflanzte Sitzgelegenheiten genutzt wurden, sind denkbar, zumal diese sich für bogenförmige »Stützmauern« bestens eignen und besonders dekorativ wirken.

Obwohl sich Größe und Proportion der Stufen grundsätzlich nach dem verfügbaren Raum und der Höhe, die es abzutreppen gilt, richten, zahlt sich eine sorgfältige Planung in jedem Fall aus. Generell empfiehlt es sich, die Stufen schlicht, gerade und rechtwinklig zu halten; verspielte bogenförmige Varianten erweisen sich fast immer als Fehler. Am dekorativsten wirken niedrige Setzstufen mit nicht mehr als 15 Zentimeter Höhe und einer mindestens 40 Zentimeter tiefen Auftrittsfläche. Wo immer es einen Richtungswechsel einzuleiten gilt, wirken großflächig dimensionierte Podeste weit besser als kleinere. Ungeachtet der Größe des Geländes profitiert jeder Bereich von großzügigen Proportionen, die insbesondere räumlich beengten Bereichen zugute kommen, selbst wenn sie den verfügbaren Raum nahezu ausfüllen.

Auch für den Bau von Stufen gilt es verschiedene Möglichkeiten in Betracht zu ziehen. In einem naturnah gestalteten Garten wird man schlichte Holzpalisaden als Stützen für die aus Holzplanken bestehenden Setzstufen wählen. Sie lassen sich mit Gras, Kies oder Rindenmulch ausfüllen – eine preisgünstige Lösung, die recht ansprechend wirkt. In einem formalen Rahmen sind Setzstufen aus Ziegel mit Trittstufen aus Stein eine gute Wahl.

Eine großzügig gestaltete bogenförmige Treppe erfordert zwar beträchtlich viel Platz, aber wo der Raum es erlaubt, gibt es kaum etwas Reizvolleres als eine Flucht konkaver Stufen, gefolgt von solchen mit konvexem Verlauf und unterbrochen von einem entsprechend geräumigen Podest. Diese geradezu dramatische Gestaltungsidee ließe sich auch auf einem kleinen abschüssigen Gelände verwirklichen, vorausgesetzt man ist bereit, einen Großteil des verfügbaren Raums dafür zu reservieren. Dann aber gewinnt man eine grandiose Präsentationsfläche für Topfpflanzen.

▶ Niveau-Unterschiede
Eine noch so geringfügige Staffelung des Geländes verleiht einem Garten Spannung. Hier wird eine kleine Oase durch zwei Stufen und eine niedrige Stützmauer aus Ziegelstein in zwei separate Bereiche gegliedert. Es genügt schon, die im Blickpunkt stehende Vase auf eine Steinplatte zu stellen, um die Idee weiterzuverfolgen, selbst wenn die restliche Fläche keine Niveau-Unterschiede aufweist. Kleine, eigens eingebrachte Abstufungen im Bereich des Pflasters können in einem Garten unverhältnismäßig große Wirkung entfalten.

Vielfältige Stützmaterialien
Dieser Gemüse- und Kräutergarten veranschaulicht einige der Materialien, die sich als Stütze für eine Staffelung des Geländes eignen. Vorgestellt werden hier Stein-, Holzschwellen und Flechtzäune. Solche aus Haselruten oder Weiden gefertigten Hürden dienten im Mittelalter zur Befestigung von Rasensitzen, die im Grunde aus grasbewachsenen Hochbeeten bestanden. Insbesondere im Winter, wenn nur wenig Blattwerk zu sehen ist, verleihen diese unterschiedlichen Materialien dem Garten eine interessante Strukturwirkung.

Mauern, Zäune und Hecken

Die Begrenzungen des Gartens beleben

Zurückweichende »Wände«

Eine der Möglichkeiten, einem Garten Tiefe und perspektivische Wirkung zu verleihen, ist den Hauptblickfang durch eine Reihe paarweise hintereinander aufgestellter Abschirmungen hervorzuheben – ein Kunstgriff, den sich das Theater in Form des Bühnenbilds von jeher zunutze macht.

Diese »Wände« können aus Hecken, Spalieren oder Pflanzblöcken bestehen. Mit ihrem schlichten Rahmeneffekt tragen sie entscheidend zur Raumwirkung eines Gartens bei.

Im Theater entsteht die Illusion der Tiefe durch eine Reihe bemalter »Leinwände«, die in der Höhe oftmals kontinuierlich niedriger und zunehmend dichter aufeinander folgen. Auf der Bühne dienen diese Leinwände als Rahmen beziehungsweise Staffage. Das gleiche Grundprinzip lässt sich auf Gärten übertragen, indem flankierende Hecken, mit Kletterpflanzen bewachsene Spaliere oder eine dunkellaubige naturnahe Bepflanzung zu beiden Seiten diese Rahmenfunktion erfüllen.

Für die handtuchförmigen Gartenparzellen in der Stadt eignet sich diese Methode, den Hauptblickfang einzurahmen, ganz besonders gut. Betrachten Sie Ihr Gartengrundstück als Bühnenbild, wobei der vordere Bühnenbereich dem Blick vom Haus über den Garten entspricht. Die zentrale Blickrichtung zielt auf den hinteren Bereich des Bühnenbilds, wobei die flankierenden Wände den Kulissen und die Räume dazwischen den »Seitenflügeln« der Bühne vergleichbar sind. Diese Flügel oder Nischen zwischen den Kulissen bieten Raum für separate Gärten, in denen verschiedene Pflanzschemen, optisch getrennt voneinander, in Erscheinung treten können.

Der einfachste Weg, einen Blickfang einzurahmen, ist links und rechts der Begrenzung des Geländes sechs Spalierwände aufzustellen. Das erste Paar sollte mindestens 1,80–2,40 Meter hoch und nicht mehr als 90 Zentimeter breit sein. Die Länge des Gartens

Warum zurückweichende »Wände«?

- Orientieren Sie sich bei der Gestaltung Ihres Gartens am Theater und stellen Sie sich vor, ihn durch den vorderen Bühnenbereich (Proszenium) zu betrachten.
- Machen Sie sich die Idee von Theaterkulissen zunutze, um dem Garten Tiefenwirkung zu verleihen. Als »Kulissen« eignen sich Spaliere, Hecken oder eine lockere Bepflanzung.
- Diese beidseitig aufgestellten »Wände« verstärken die Illusion der Perspektive, indem sie mit wachsender Entfernung vom Betrachter zunehmend dichter aufeinander folgen.
- Ordnen Sie die »Wände« so an, dass sich die dunkelsten im Vordergrund und die hellsten im Hintergrund befinden.
- Nutzen Sie den Raum zwischen den »Wänden« für Pflanzschemen, die optisch voneinander getrennt sind.

◄ **Unterteilen mit Spalieren**
Verleihen Sie dem Garten Tiefenwirkung, indem Sie eine vertikale Staffelung anstreben. Dafür eignen sich die unterschiedlichsten Materialien angefangen bei Spalieren bis zu Hecken oder markanten Pflanzblöcken. Dahinter steht die Idee, den Betrachter neugierig zu machen und zum Erkunden des Gartens anzuregen.

► **Das Auge täuschen**
Die klaren geometrischen Felder dieser einander teilweise überlappenden Spaliere bilden einen schönen Hintergrund für die üppige Bepflanzung aus *Alchemilla mollis, Astrantia major, Trachystemon orientalis* und Lorbeer-Hochstämmchen. Mit diesem fein gestaffelten Arrangement im mittleren Bereich der Gartenszenerie wird der Blick konzentriert, bis er weiterwandert und an dem vermeintlich fernen Sommerhaus »hängenbleibt«.

▲ **Ganzheitliche Gestaltung**
Die Grundprinzipien der Gestaltung von Vorder-, Mittelgrund und Ferne lassen sich selbst mit einfachsten Elementen verwirklichen. Hier rahmen Hainbuchenhecken im Mittelgrund wie in einem Bühnenbild den Blick auf eine in der Ferne aufragende Hainbuchenhecke ein, in die eine Nische für eine Urne geschnitten wurde. Den Vordergrund füllen mit niedrigen Spalieren eingefasste Lavendelbeete, über denen sich die Wuschelköpfe von Hochstämmchen der Portugiesischen Lorbeerkirsche erheben.

► **»Garten-Theater«**
Dieser Garten lebt ganz von seiner perspektivischen Wirkung, die die Illusion von Größe vermittelt, denn er ist in der Tat nur 5 Meter breit. Dunkelgrüne, mit Spalieren eingefasste Eiben, die durch Wege aus hellem Kies getrennt sind, bilden einen dunklen Rahmen für blassgraue Säulen, die ein kassettenartig gestaltetes, mit Metallfolie hinterlegtes Glaspaneel flankieren.

bestimmt, wo das nächste Paar aufgestellt wird, wobei darauf zu achten ist, dass der Abstand zwischen dem ersten und dem zweiten Paar größer sein muss als zwischen dem letzten. Jedes Paar sollte kontinuierlich kürzer und breiter sein – das zweite könnte also 1,50–2,10 Meter hoch und 1,20 Meter breit und das dritte 1,20–1,80 Meter hoch und 1,50 Meter breit sein. Das letzte Paar sollte in einiger Entfernung vor der hinteren Umzäunung oder Mauer stehen und diese hintere Begrenzung wiederum mit einem entsprechenden Spalier kaschiert werden, das sich über die gesamte Breite des Geländes zieht und geringfügig niedriger als die letzten beiden Wände ist.

Stabilisieren Sie die freistehenden Abschirmungen mit Hilfe von mindestens 10 x 10 Zentimeter starken Pfosten. Streichen Sie die Spaliere in einer Farbe, die sich vom Blattwerk abhebt, damit sie auch dann noch als Struktur hervortreten, wenn sie mit Kletterpflanzen überwachsen oder von Gewächsen im Vorder- oder Hintergrund umgeben sind. Gut zur Geltung kommen Schwarzgrüntöne, Blaugrau, Weiß, Schwarz oder Grau – Farben, die im Gegensatz zur Natur also eher architektonischen Charakter haben.

Die gleichen Designprinzipien gelten für Hecken oder frei verteilte Pflanzgruppen. Heckensträucher lassen sich aber auch entlang von Spalieren pflanzen, was den Vorteil hat, dass die Spaliere nicht nur das Bild bestimmen, bis die Hecke dahinter herangewachsen ist, sondern beim Schneiden zugleich auch Orientierungshilfe bieten. Als Heckenpflanzen eignen sich dunkle Immergrüne wie Eibe und Stechpalme, *Quercus ilex, Phillyrea latifolia* oder *Pyracantha*. Ideal für kleinere Bereiche ist der Feuerdorn, der sich an einem Spalier ausrichten lässt und weit weniger Raum beansprucht als konventionelle Heckenpflanzen. All diese Gewächse kommen auch akkurat geometrisch in Form geschnitten sehr gut zur Geltung. Aber auch weniger markant umrissene dunkle Bäume und Sträucher lassen sich auf ähnliche Weise einsetzen, auch wenn sie naturbedingt mehr Platz erfordern. Achten Sie darauf, dass sich die einzelnen Gruppen klar voneinander unterscheiden. Setzen Sie sie weit genug auseinander und wählen Sie gezielt unterschiedliche Grüntöne aus. Als Richtschnur für Größe und Abstand gelten die bereits angesprochenen Proportionen. Und vergessen Sie nicht, dass die dunkelsten Gruppen in den Vordergrund gehören.

Verborgene Räume
Die optische Komplexität dieser mit einem »Wald« von Spaliersäulen ausgestatteten Dachterrasse täuscht geschickt über deren eigentliche Größe hinweg. Die vielen Winkel und Ecken zwischen den Säulen lassen weitere Bereiche dahinter erahnen. Dank der Höhe der relativ dicht angeordneten vertikalen Latten wirkt der Raum nach außen hin abgeschottet.

Unansehnliches kaschieren

In jedem Garten gibt es Dinge, die unschön wirken, und auch das Blickfeld außerhalb des Gartens entspricht keineswegs immer den Wunschvorstellungen des Besitzers. Allerdings lassen sich diese visuellen Störfaktoren in den seltensten Fällen einfach demolieren oder aus dem Weg räumen.

Dennoch gibt es Möglichkeiten, den einen oder anderen »Schandfleck« zu kaschieren oder abzumildern, und mag er noch so groß sein. Manchmal wird man die Sache auch indirekt anzugehen versuchen wie im Fall des Hochhauses (s. Seite 56), wo der Blick auf das optische Ärgernis einfach »blockiert« wurde.

Mit den schlimmsten Beeinträchtigungen befasst man sich am besten bereits in der Planungsphase, um ihre Auswirkungen auf ein Minimum zu reduzieren. Im Folgenden seien einige grundlegende Überlegungen aufgeführt, die es von Anfang an zu berücksichtigen gilt. Ist der Garten von den Fenstern der Nachbarhäuser einsehbar? Lässt sich die Sicht auf die kahle Wand eines fünfstöckigen Wohnblocks verschönern? Können Öltanks, Filter und Pumpen für den Swimmingpool, Mülleimer, Autos, Gartenabfälle oder der benachbarte Schuppen kaschiert werden? Etwas Kreativität vorausgesetzt, heißt die Antwort in der Regel: »Ja.«

Wo Kaschieren absolut aussichtslos erscheint, lässt sich das Auge immer noch durch einen Blickfang ablenken oder die Aufmerksamkeit mit einem derart spektakulären Element bannen, dass Dinge, die anfangs geradezu unerträglich ins Auge sprangen, verschwindend unwichtig erscheinen. Oft lässt sich ein optisches Ärgernis durch gezielt platzierte Bäume, Hecken oder Sträucher aber auch ganz einfach verdecken, vorausgesetzt man bringt die erforderliche Geduld auf. In einem solchen Kontext erweisen sich immergrüne Gehölze als unersetzlich, denn sie sorgen das ganze Jahr hindurch für Abschirmung. Geeignet sind rasch wachsende Pflanzen wie Eibe, Kirschlorbeer, Portugiesischer Lorbeer, Steineiche *(Quercus ilex)* und Steinlinde *(Phillyrea latifolia)*, die sich relativ leicht in Zaum halten lassen. Dabei sollte man die Pflanzen nicht unmittelbar vor das Objekt setzen, das es zu verbergen gilt, zumal ein Baum oder eine Gruppe von Sträuchern im Vordergrund eine weitaus effektivere Abschirmung bieten.

► Das Beste aus einer Sache machen
Die Treppe in diesen dunklen Souterrain-Garten hätte das Gesamtbild leicht verderben können, fügt sich hier aber allein schon deshalb bestens ein, weil ihre Vorzüge geschickt ins Blickfeld gerückt wurden. Beleuchtet wirft sie dramatische Schatten auf die weißen Mauern, und auch mit ihrer graugrünen Farbgebung passt sie sich harmonisch der Umgebung an. Das kleine Wasserbecken unterhalb reflektiert Licht durch die offen strukturierten Stufen.

◄ Unschöner Anblick
Der gesamte Entwurf dieses Gartens stand unter der Prämisse, das Auge von einem das Gesamtbild störenden Anblick abzulenken. Täuschungsmanöver wie die sich kreuzenden Wege, an deren Ende ein Blickfang steht, helfen die Aufmerksamkeit gezielt auf anderes zu konzentrieren.

► Raffinierte Tarnung
Wie verwandelt wirkt der an die Mauer angebaute Schuppen mit seiner Fassade aus farbig gebeizten Schichtholzbrettern und in Form gesägten Rahmenelementen. So verschwindet die Flachdach-Konstruktion hinter barock anmutenden Giebeln. Durch die Spaliere gewinnt die Holzoberfläche an Struktur.

Unschönes geschickt kaschieren oder einbauen

- Durch sorgfältige Planung im Anfangsstadium lassen sich selbst schlimmste optische Verschandelungen des Blickfelds kaschieren.
- Falls das betreffende Objekt zu groß oder zu dominant ist, um als Ganzes aus dem Gesichtskreis zu verschwinden, gilt es auf Ablenkung zu setzen. So kann ein auffallend großes Objekt im Vordergrund die gesamte Aufmerksamkeit des Betrachters auf sich ziehen.
- Leuchtend bunte Farben springen förmlich ins Auge, während kühlere und blassere Farben zurückzuweichen scheinen.
- Lassen Sie sich von den Prinzipien militärischer Camouflage inspirieren: Durch eine entsprechend platzierte Blattpflanze lässt sich selbst die ödeste Mauerfläche beleben.
- Ein hässlicher Schuppen muss nicht hingenommen werden; verwandeln Sie ihn in einen hübschen Blickfang oder einen witzigen kleinen Pavillon.

▼ **Dramatischer Blickfang**
Diese Wand erweist sich als höchst brauchbar, um auf dem Nachbargelände einen unerwünschten Anblick auszugrenzen. Stimmen Sie die Größe eines solchen Elements auf das zu kaschierende Objekt ab. Hier verschwindet alles hinter einem dichten Bambushain, wobei dieser Effekt abends durch strahlend helle Beleuchtung unterstrichen wird.

► **Lager- und Arbeitsfläche kaschieren**
Gewächshaus, Töpfe, Geräte, Kompost und Schläuche – hinter Flechtwänden aus Weiden verbirgt sich alles, was nicht unbedingt sehenswert ist. Ein solcher Garten im Garten lässt sich selbst im kleinsten Bereich einrichten. Die schlichte blockartige »Baustruktur« bildet als solches einen ansprechenden Hintergrund für die Vegetation rundum und sollte wie hier nicht dekoriert werden oder unter Kletterpflanzen verschwinden.

◄ **Doppelt sehen**
Nur unter einem dieser quadratischen Schuppen verbirgt sich ein Tank – der andere wurde allein um der Symmetrie willen gebaut. Paarweise aufgestellte Gartenelemente erweisen sich als besonders wertvoll. Im Vordergrund platziert, können sie einen Blickfang einrahmen oder gleich zwei angrenzende Gartenparzellen am Ende der Begrenzung kaschieren.

Wo Pflanzen nicht nur von einer, sondern von mehreren Seiten aus Sichtschutz gewähren sollen, empfiehlt es sich, zur Probe dünne Pappen hochzuhalten. So lassen sich Größe und Position der erforderlichen Abschirmung ermitteln und beurteilen, inwieweit sie als Sichtschutz taugen. Wichtig ist auch, dass solche rasch wachsenden Gehölze nicht außer Kontrolle geraten, denn wenn sie nicht jedes Jahr sachgemäß geschnitten werden, können sie bald schon den ganzen Garten einnehmen.

Architektonisch geprägte Abschirmungen sollten an sich schon ansprechend wirken und sich harmonisch in das Bild des übrigen Gartens einfügen. So könnte man sich überlegen, die Zaunelemente farblich auf die anderen Holzstrukturen und baulichen Elemente abzustimmen, allerdings nicht leuchtend bunt, wo sie zum Kaschieren des Blickfelds dahinter dienen sollen. Eine freistehende Flechtwand aus Weiden, Haselruten oder gebeizten vertikalen Latten kann allein schon als Struktur dekorativ wirken (s. oben) und sich darüber hinaus als ausgesprochen praktisch erweisen, lassen sich dahinter doch sämtliche Gartengeräte verstauen.

Auch ein geschickt platzierter kleiner Schuppen lässt sich als wirksamer Sichtschutz nutzen, zumal sich selbst das schlichteste Häuschen aus dem Baumarkt durch eine entsprechende Farbgebung oder Fassade aufwerten und in Verbindung mit Spalieren als Stütze für Kletterpflanzen verschönern lässt. Im Übrigen kann man einen solchen Schuppen mit einem Schuss Humor auch in einen Blickfang verwandeln, der in jedem Garten Akzente setzt und zugleich Sichtschutz bietet.

◄▼ Turmhohes optisches Ärgernis
Eine größere und massivere Verschandelung des Umfelds ist kaum denkbar als dieser turmhohe Wohnblock. Dank einer einfallsreichen Konstruktion über Kopfhöhe und der horizontalen Abschirmung innerhalb des Gartens gelang es jedoch, die Beeinträchtigung der Sicht auf nahezu Null zu reduzieren. Im Garten selbst spannt sich eine grazile Pergola über den gesamten Raum und bewirkt, dass der Blick nach oben durch diese bepflanzte »Jalousie« regelrecht blockiert wird. Die unteren Stockwerke des Gebäudes verschwinden hinter einer Begrenzungsmauer, die mit horizontalen Spalieren nach oben hin verlängert wurde.

► Abschottung der Privatsphäre
Hohe Paneele aus gestanztem Edelstahl schotten den Raum gegen Einblicke aus darüber aufragenden Gebäuden ab, ohne den Lichteinfall zu blockieren. Aufgrund ihrer glänzenden Oberfläche und des bewusst minimalistischen Designs wirken diese Paneele, die ohne sichtbare Rahmen- und Stützelemente auskommen, luftig und leicht.

Zusätzliche Höhe für eine Sichtschutzwand

Falls die vorhandene Umzäunung oder Mauer nicht hoch genug ist, um den Raum nach außen hin abzuschirmen oder ein wenig ansehnliches Umfeld zu kaschieren, spricht Vieles dafür, die Begrenzung durch zusätzliche Höhe effektiver und schöner zu gestalten oder zu begrünen.

Eine höhere Begrenzung kann für die Wirkung eines Gartens durchaus von Vorteil sein. Bei der Gestaltung wird man sich an der Zeit, in der das Haus gebaut wurde, orientieren, aber auch am Material, aus dem die vorhandene Umzäunung besteht. Ein Haus aus dem 18. oder 19. Jahrhundert wird aller Wahrscheinlichkeit nach von einer Ziegelsteinmauer umgeben sein, die oft nicht einmal 1,80 Meter hoch ist, ein Haus aus dem 20. oder 21. Jahrhundert indes eher von einem Holz- oder Maschendrahtzaun, der meist nicht nur unansehnlich wirkt, sondern auch kaum Sichtschutz bietet.

Als Erstes gilt es deshalb zu entscheiden, ob eine »geschlossene« Erweiterung der vorhandenen Abschirmung vorgesehen ist (eine dichte Lattenwand, eine immergrüne Hecke oder eine Kletterpflanze), eine eher offene Gitterstruktur (Spaliere oder ineinander verflochtene Linden etwa) oder ein transparent wirkender Sichtschutz, der Licht durchlässt, dennoch aber kaum Einblick gewährt. Jede Version erfordert spezifische Materialien und Vorgehensweisen. Zu berücksichtigen ist aber auch die Höhe der ursprünglichen Mauer oder Umzäunung. In einem formal gestalteten Garten könnte man eine gestaffelte Erhöhung ins Auge fassen: eine Erweiterung durch Spaliere unmittelbar im Anschluss an die Mauerkappe, kombiniert mit Gehölzen, die miteinander verflochten oder wie Hecken auf »Stelzen« erzogen, leicht abgerückt von der Mauer eine Struktur bilden. So entsteht ein schmaler Lichtschacht, der das Gitterwerk des Spaliers unterhalb des Laubdachs zwischen den nackten Stämmen reflektiert. Auf diese Weise gewinnt die Begrenzung an Textur und Farbe.

Die einfachste Methode, ein niedriges Mauerelement (1,00 bis 1,20 Meter) oder eine Lattenumzäunung zu erstellen, ist, sie mit 7,5 x 7,5 Zentimeter oder 10 x 10 Zentimeter starken Holzpfosten in der gewünschten Höhe im Boden zu verankern oder mit Winkeln an der Wand zu befestigen, wobei der jeweilige Abstand nicht mehr als

◄ **Zusätzliche Abschirmung im Bereich der Begrenzung**
Wo immer eine Mauer oder Umzäunung zu niedrig ist, um den erwünschten Sichtschutz oder ein Gefühl der Abgeschiedenheit zu vermitteln, lässt sich mit Spalieren, ineinander verflochtenen Heckenpflanzen oder einer Kombination beider Elemente für zusätzliche Höhe sorgen. Eine Sichtschutzwand mit einer Höhe von 1,80 bis 2,40 Meter dürfte in der Regel ausreichend Geborgenheit bieten (mancherorts sind solche Baumaßnahmen genehmigungspflichtig)..

Sichtschutz im Bereich der Begrenzung

- Ob aus Ziegelstein, Holz, Maschendraht oder Spalieren, jede Mauer oder Umzäunung lässt sich in der Höhe ergänzen oder voller gestalten, um den erforderlichen Sichtschutz zu gewährleisten.
- Überlegen Sie sich, ob durch eine Bepflanzung oder Holzkonstruktion beziehungsweise eine Kombination beider Möglichkeiten zusätzliche Höhe gewonnen werden kann.
- Zu den verbreitetsten Methoden gehört die Erhöhung durch ein an der Mauer befestigtes Spalier; dieses kann offen bleiben oder so bepflanzt werden, dass eine nahezu geschlossene »Wand« entsteht.
- Eine Hecke aus ineinander geführten Linden oder Hainbuchen bildet unmittelbar vor einer Mauer oder Umzäunung einen grünen Laubgürtel.

◄ **Über Mauerhöhe hinausragende Spaliere**
So einfach lässt sich eine Mauer nachträglich erhöhen und eine partielle Abschirmung schaffen, ohne den Einfall des Sonnenlichts zu blockieren. Diese fertig gekauften diagonalen Gitter-Paneele sind zwischen Pfosten befestigt, die sich entweder mit Bolzen an der Mauer fixieren oder im Boden verankern lassen. Das obere Ende der Paneele ist mit einer wetterfesten Kappe abgedeckt. Verwenden Sie langlebiges kesseldruckimprägniertes Holz, das sich entsprechend beizen lässt.

◄ Doppelte Höhe für eine Begrenzung
Diese ineinander geführten Hainbuchen sind doppelt so hoch wie die niedrige Mauer dahinter. Sorgfältig erzogen und geschnitten, lassen sie genügend Licht durch und gewähren da und dort auch einen erfreulichen Einblick in angrenzende Gartenräume. Erziehen Sie die Seitenzweige wie hier an Bambusstöcken oder an zwischen kräftigen Metallstreben gespannten Drähten.

► Verschiedene Möglichkeiten, Spaliere zu befestigen
Hier sind zwei Möglichkeiten veranschaulicht, eine weiß getünchte Ziegelsteinmauer durch horizontale Spaliere zu erhöhen. Auf der linken Seite wurden die Latten an Pfosten fixiert, die im unteren Bereich mit Schrauben an die Mauer gedübelt sind. Auf der rechten Seite ziehen sich die Latten über die gesamte Höhe, wobei die Pfosten dazwischen in geringfügigem Abstand zur Mauer in die Erde gesetzt wurden. Die Lücke bietet auf beiden Seiten der Spalierwand Raum für Kletterpflanzen.

1,80 Meter betragen sollte. Diese bilden den Rahmen für mehr oder weniger dichte Lattenpaneele oder Spaliere, die sich auf der Mauer aufsetzen lassen, sofern sie an der zum Nachbargrundstück zeigenden Seite der Pfosten angebracht werden. Sie können aber auch vor der eigenen Gartenmauer vom Boden ausgehend aufgerichtet werden, bis sie die gewünschte neue Höhe erreichen.

Eine Farbe, von der generell abzuraten ist, wo immer es um Erhöhungen aus Holz geht, ist die Standardfarbe für Holzzaunelemente: jenes helle Orangebraun der meisten kesseldruckimprägnierten Hölzer, das man in ganz ähnlicher Tönung auch an Zäunen oder Schuppen aus Latten oder Flechtelementen immer wieder sieht. Diese Farbe ist für eine Begrenzung, die optisch eher dezent zurücktreten sollte, absolut ungeeignet, handelt es sich doch um eine ins Auge springende Farbe, die sich nur schwer kaschieren lässt. Wählen Sie stattdessen ein zurückhaltendes Blaugrau, Grau, Dunkelgrün oder Schwarz – Farben, die optisch kaum hervortreten. Eine solche Farbgebung lässt sich als opake Tönung auf bereits gebeiztes Holz aufbringen, eignet sich aber auch als Beize für ansonsten unbehandeltes druckimprägniertes Material, wie es beim Kauf neuer Holzzaunelemente von vornherein zu bevorzugen ist.

Eine andere Möglichkeit, einen vorhandenen Zaun im Nachhinein zu erhöhen, ist, die gesamte Fläche mit schlichtem Spalier aufzustocken, das, höher als die üblichen Zaunpaneele, aber gleich breit, den Vorteil bietet, dass sich die vorhandenen Pfosten nutzen lassen. Die Aufmerksamkeit wird somit auf die Paneele gelenkt und die »Bahn« zugleich wirkungsvoll unterbrochen. Meist empfiehlt es sich, Pfosten und Paneele in ein und derselben Farbe zu halten, damit das Ganze nicht zu unruhig wirkt. Im Fall eines Zauns aus Maschengeflecht empfehlen sich Sträucher mit kräftigen, starren Zweigen wie der Feuerdorn *(Pyracantha coccinea)*, die nur wenig Raum beanspruchen, der Begrenzung aber zusätzliche Festigkeit verleihen und sie zugleich um 30–60 Zentimeter erhöhen.

Eine besonders reizvolle Alternative, eine Begrenzung mit einem lichten Rahmen aus Blattwerk zu umgeben, ist eine Reihe ineinander verflochtener oder in Spalierform erzogener Bäume so dicht wie möglich vor die Umzäunung oder Mauer zu setzen. Allerdings darf man nicht vergessen, dass das Fundament in der Regel hervorsteht (meist aber nicht über 23 Zentimeter weit). Zum Verflechten oder als Spalierpflanzen eignen sich Linden *(Tilia* spp.) und Hainbuchen *(Carpinus betulus)*, Feuerdorn *(Pyracantha coccinea)*, Apfel- und Birnbäume.

Außer Linden sind alle auf eine Stütze in Form horizontaler Drähte oder im Anfangsstadium auch Holzlatten angewiesen, an denen sie sich ausrichten lassen. Erst im reiferen Stadium sind die Pflanzen kräftig genug, um sich selbst zu halten. An einem Gerüst erzogene Pflanzen erfordern Jahr für Jahr entsprechende Schnittmaßnahmen. Voraussetzung für die Wirkung ineinander geführter Linden und formierter Hecken ist ein Schnitt während der Wachstumsphase und im Herbst, wobei in den ersten Jahren das Ausdünnen sowie zwei- bis dreimaliges Einbinden pro Jahr hinzukommen. Dennoch sind diese Erziehungsmaßnahmen die Mühe wert, denn Pflanzenstrukturen wie diese bereichern den Garten durch ihre grüne Geometrie und bilden einen schönen Hintergrund für eine naturnahe Bepflanzung.

▼ Mit Stahlplatten hinterlegte Spaliere
Die gesamte Begrenzung dieses Gartens ist mit Spalieren eingefasst, die mit verzinkten Stahlplatten hinterlegt wurden. Die Platten sind etwas niedriger als die 1,80 Meter hohen Spaliere. Anstelle sichtbarer Pfosten wurden Pfeiler aus verzinktem Stahl eingesetzt, hinter denen sich die Pfostenpaare, die das Spalier stützen, verbergen.

► Schutz für Dachterrassen
Dachterrassen erfordern einen effektiven Windschutz. Diese an Stützstreben aus Edelstahl angebrachten, durchscheinenden Glasplatten schirmen den Raum ab, ohne zu viel Licht zu schlucken. Für Dachgärten kommen nur robuste Pflanzen in Frage, wie etwa Bambus, der hier die etwas streng wirkende Begrenzung auflockert. Die geschickte Kombination von natürlich Gewachsenem und Hightech-Elementen verleiht dem ansonsten eher nüchternen Bereich zusätzlichen Reiz.

Haus und Begrenzung zu einer Einheit verbinden

Häuser, die aufgrund lieblos vorgenommener Um- und Anbauten im Lauf der Jahre ein uneinheitliches Bild bieten, können durch eine Bepflanzung und Gestaltung des Gartenbereichs nur gewinnen – Korrekturmaßnahmen, die mit weniger Aufwand verbunden sind als jede bauliche Anpassung.

Dass den Stadtplanern im 19. und 20. Jahrhundert oft mehr an einer imposanten und ausgewogenen Gestaltung des Straßennetzes gelegen war als an ansprechend gestalteten Gärten, beweisen die ungünstig geschnittenen Außenbereiche, die sich an die Reihenhäuser jener Zeit anschließen. Hinzu kommen die dunklen, auf drei Seiten von Mauern eingeschlossenen Winkel zwischen Küche und Abstellraum, die allerdings reichlich Überlegung erfordern, wenn man sie beleben und begrünen möchte. Denn nur so erreicht man, dass sie als Teil des Gesamtbilds etwas weniger trist wirken und eine gewisse Struktur erkennen lassen.

Eine Möglichkeit, zerrissen und unschön wirkende Fassaden, nicht nur im Bereich des Hauses, sondern auch der Gartenbegrenzungen einheitlicher zu gestalten, ist, sämtliche Flächen mit einem schlichten, homogen strukturierten Spalier zu verkleiden. Diese optische Geschlossenheit lässt das Auge über vieles hinwegsehen, ob es sich um Fenster handelt, die in ihrer Verschiedenheit jeden Zusammenhang vermissen lassen, hässliche Fallrohre oder Lüftungsschächte.

Wenn alle dem Garten des Hauses zugewandten Mauern bis zur Oberkante der Fenster mit Spalieren versehen werden, wird dank der ausgeprägt horizontalen »Kappe« des Spaliers (sie sollte massiver sein als das Spalier selbst) eine Art Ordnung hergestellt, die selbst Fenster einbezieht, die sich in Höhe, Form und Charakter unterscheiden. Wo diese Spaliere dann noch mit üppig wachsenden Kletterpflanzen oder Mauersträuchern bepflanzt werden, fällt die verkorkste Architektur erst gar nicht mehr ins Auge, zumal sämtliche

Flächen verschönern

- Die allerwenigsten Stadthäuser verfügen über eine dem Gesamtbild entsprechende Gartenbegrenzung; meist handelt es sich um eine eher willkürliche Mischung aus Mauerabschnitten oder Zäunen. Überlegen Sie sich, wie man diese etwas einheitlicher gestalten könnte, ob mit Farbe, Bepflanzung oder einer neuen Verkleidung.
- Die Verkleidung einer Hauswand mit Spalieren wirkt sich auf das Gebäude wie eine Schönheitskur aus. Passen Sie das Spalier bis auf Deckenhöhe im Erdgeschoss an und führen Sie es sorgfältig um Fenster und Türen.
- Streichen Sie Fenster und Türen in einer dunklen Farbe oder in einem der Mauerfarbe entsprechenden Ton.
- Schließen Sie alle Seiten in die Verschönerungsmaßnahmen ein und setzen Sie sie im Bereich der dem Garten zugewandten Fassaden des Hauses in modifizierter Form fort.

◀ **Einheitliches Erscheinungsbild für Haus und Garten**
Nur selten bilden Haus und Gartenbegrenzung ein so ausgewogenes und harmonisches Bild wie hier. Die durchgängig einheitliche Flächengestaltung in Form der durch viereckige Stützpfeiler abgesetzten Spalierwände unterstreicht diese Wirkung beispielhaft. Für außergewöhnlich hohe Begrenzungen ist unter Umständen eine Baugenehmigung erforderlich.

▶ **Üppige Begrünung**
Das raumgreifende, mit Kletterpflanzen wie *Clematis* und *Trachelospermum jasminoides* bewachsene Spalier kaschiert die zerrissen und uneinheitlich wirkende Fassade mit ihren planlos über die Mauerflächen verteilten Fenstern und Abflussrohren. Unter der säulenartig aufragenden Hainbuche auf der rechten Seite verbirgt sich ein Mauereinschnitt mit mehreren Rohrleitungen.

▶ **Bambus als Hintergrund**
Eine weitere Form der Abschirmung aus gespaltenem Bambusrohr – eigentlich Jalousien für Wintergärten – bildet einen erfreulich schönen Hintergrund für das Blattwerk von Glyzinen, Ahorn und Eukalyptus. Hängen Sie die Abschirmung über eine unansehnliche Umzäunung oder schadhafte Mauerflächen. Achten Sie dabei auf eine präzise horizontale Ausrichtung und saubere Anschlusskanten und sorgfältige Befestigung.

◀ **Orientalisch inspiriert**
Schilfrohrmatten bilden, an einem Bambusrahmen befestigt, eine effektive Abschirmung. Solche Materialien eignen sich besonders gut für einen exotischen Garten, wie er durch die wolkenförmig beschnittenen Stechpalmen, *Ilex crenata,* charakterisiert wird. Die Wirkung einer solchen Umzäunung hängt wesentlich von ihrem gepflegten Erscheinungsbild ab.

◀ **Sichtschutz nach fernöstlichem Vorbild**
Diese aus Gipsputz-Platten bestehende weiß gestrichene und mit schwarzen Holzplanken eingefasste Abschirmung mutet ebenfalls orientalisch an. Der gleiche Effekt ließe sich mit weißen Sperrholz-Paneelen, eingelassen in kontrastierende Holzrahmen, erzielen. Solche schlicht gehaltenen Kulissen bilden den idealen Hintergrund für Solitäre und bizarre Gesteinsformationen.

Rohrleitungen, Lüftungsschächte und Dränagen unter Blattwerk verschwinden und die von einem grünen Rahmen umgebenen Fensteröffnungen insgesamt harmonischer wirken.

An Kletterpflanzen für diese meist dunklen und schattigen Standorte eignen sich *Holboellia cociacea, Trachelospermum jasminoides,* das immergrüne Geißblatt *Lonicera japonica, Hydrangea petiolaris* und die vielen reizvollen Sorten des Wilden Weins. Selbstverständlich lässt sich die Blütezeit durch eine Kombination unterschiedlicher Kletterpflanzen auch verlängern. So könnte die früh blühende Waldrebe *Clematis cirrhosa*, die uns in milden, geschützten Standorten im Januar und Februar erfreut, und *C. armandii,* die im März und April blüht, in Gemeinschaft mit Kletterrosen, Hopfen und Glyzinen für anhaltenden Blütenflor sorgen.

Eine weitere Möglichkeit zur Vereinheitlichung beizutragen wäre, den Sockel des Hauses, die Gartenmauern, Zäune und anderen baulichen Strukturen des Gartens in ein und derselben Farbe zu streichen Dies gelingt besonders gut, wenn es sich um durchgängige Flächen handelt. Deshalb empfiehlt es sich, bei verputztem Mauerwerk die sich anschließenden Holzzäune mit Sperrholzplatten zu verkleiden; gestrichen wirken sie ganz ähnlich wie Verputz.

Mit etwas Einfallsreichtum lassen sich aber auch andere Möglichkeiten finden, um Haus, Umzäunung und weitere Elemente zu einer Einheit zu verbinden. Sträucher wie etwa *Pyracantha coccinea, Phillyrea latifolia* oder *Rhamnus alaternus*, die, flächendeckend vor eine Mauer oder einen Zaun gepflanzt und sachgemäß geschnitten, relativ wenig Raum einnehmen.

Den Feuerdorn sieht man hin und wieder noch, kunstvoll erzogen, an den Mauern schmucker Häuschen auf dem Lande, während *Phillyrea* und *Rhamnus alaternus* im 17. und 18. Jahrhundert als Mauergehölze sehr beliebt waren. Wie alle Pflanzen im Schat-

ten einer Mauer sind sie auf gut vorbereiteten Boden angewiesen und sollten so nah wie möglich an Mauer oder Umzäunung gepflanzt werden.

Andere Materialien oder Material-Kombinationen, mit denen sich eine einheitliche Flächenwirkung erreichen lässt, sind Flechtzäune, verzinkter Maschendraht und Bambus-Jalousien. Wichtig ist, die Verkleidung durchgängig auf gleicher Höhe abzudecken, wofür sich beispielsweise eine solide 10 x 5 Zentimeter starke Leiste eignet, die entsprechend gestrichen oder gebeizt werden kann. Besondere Beachtung erfordern aber auch die Ränder zwischen Türöffnungen, Fenstern, Toren und Ähnlichem. Mit einer schlichten Einfassung versehen, gewinnen diese Verkleidungen auch optisch an Stabilität; oft genügt als Abschluss bereits ein einfaches Kantholz. Auch diese Aussparungen sollten in Form und Größe möglichst ähnlich sein, um die Geschlossenheit des Bildes zu gewährleisten.

Unterschiedlich gestaltete Fensterrahmen und verglaste Sprossentüren lassen sich wirksam kaschieren, indem sie in einer der Mauerfarbe ähnlichen oder der neuen Verkleidung möglichst nahe kommenden Farbe gestrichen beziehungsweise so dunkel gehalten werden, dass sie bei Tageslicht optisch kaum ins Auge fallen. Eine Farbe, die zum Streichen von Türen und Fensterrahmen absolut ausscheidet, ist jenes Orangerot, das zwar die Tönung von Holz imitieren soll, aber weder zurückweicht noch einen befriedigenden Kontrast zu den Scheiben ergibt. Greifen Sie stattdessen auf »architektonische Farben« zurück und vermeiden Sie leuchtende oder kräftige Töne. Weiß, ein gebrochenes Altweiß oder helle Steinfarben unterstreichen die Präsenz eines dekorativen Fensters, während Schwarz, Dunkelgrün oder Dunkelgrau die Wirkung eines wenig ansehnlichen Elements überspielen oder die willkürlich über eine Mauer verteilten Öffnungen nahezu verschwinden lassen.

Fein aufeinander abgestimmtes Ambiente
Die reizvolle Wirkung des Gegenlichts auf einer Schilfmatte unterstreicht die Transparenz des eleganten Profils. Die horizontale Ausrichtung des Schilfrohrs wird in den Fugen des Holzdecks und der Lattenstruktur der Möblierung geschickt aufgegriffen. Diese winzige Enklave hat einen ganz eigenen Charakter, der sich vollkommen losgelöst vom übrigen Umfeld entfaltet.

Die Begrenzung aufheben

Wenn die Ränder des Grundstücks nicht sichtbar sind, kann das Auge kaum abschätzen, wo die Begrenzung tatsächlich verläuft. Der Garten erscheint folglich also buchstäblich grenzenlos.

Optische Täuschung heißt das Spiel, das die eigentliche geometrische Begrenzung der meisten Grundstücke zu verbergen und aufzuheben sucht. So kann beispielsweise durch eine markant geschwungene Pflanzung von Bäumen und Sträuchern die Kontur eines Zauns aufgelöst werden. Um eine solche naturnah anmutende Gestaltungsidee zu verwirklichen, müssen die Pflanzen an manchen Stellen weiter nach vorn kommen und an anderen nach hinten rücken und somit fast bis zum Rand der Begrenzung zurückweichen. Voraussetzung für die visuelle Aufhebung der Begrenzung ist ein differenziertes optisches Bild, das sich mit kontrastierenden Texturen und Grüntönen weit besser verwirklichen lässt als mit leuchtenden Farben. Von daher wird man sich die kräftigen Farben für den Vordergrund der Szenerie aufheben und den Hintergrund vorwiegend mit zurückhaltend monochromen Grüntönen gestalten. Das Spektrum dekorativer Schattierungen und Texturen ist so breit, dass eine allein auf Grüntönen basierende Bepflanzung garantiert abwechslungsreich wirkt.

Achten Sie auch auf unterschiedliche Pflanzhöhen. Versuchen Sie, die Begrenzungslinie auf jede nur erdenkliche Weise zu brechen, wobei Variationen der Höhe eine ganz wesentliche Rolle spielen, um die starre horizontale Kontur der Umzäunung oder Mauer aufzulockern. Eine Überlegung wert ist auch, inwiefern sich in diesem Zusammenhang von der Bepflanzung im Nachbargarten profitieren lässt. So könnte man, wo irgend möglich, jene Bäume und Sträucher in die Planung einbeziehen, die mit dem eigenen Pflanzschema korrespondieren und als Teil dessen in Erscheinung treten. Im 18. Jahrhundert pflegte man von der »geborgten Landschaft« zu sprechen, womit das »Einbinden« einer Szenerie gemeint war, die man nicht selbst besitzt. Selbst Bäume in der Ferne lassen sich integrieren, indem man sie einrahmt oder anderweitig in den Garten »hereinholt«.

In den letzten Jahren hieß die klassische Lösung, Begrenzungen aufzuheben, von außen her Spiegel einzusetzen. Diese können in kleinen Gärten in der Stadt sehr wirkungsvoll sein, insbesondere wenn sie im Bereich der Rückwand oder der Umzäunung die Hauptblickachse reflektieren. Um optimale Effekte zu erzielen, müssen Spiegel in größtmöglicher Entfernung vom Betrachter aufgestellt werden, und dies bedeutet nun einmal im Bereich der eigentlichen Begrenzung des Gartens. Ein Spiegel an einem »strategischen« Punkt dieser Peripherie reflektiert den eigenen Garten in den Raum »hinter« den Spiegel. Man braucht den Winkel, in dem der Spiegel steht, nur geringfügig zu ändern, und schon erscheint ein ganz anderes Bild. Nach oben hin angewinkelt, wird sich der Himmel darin spiegeln, während eine leichte Drehung zur Seite hin das Blattwerk womöglich dekorativer

◀ **Organische Ränder**
Dieses Pflanzschema ignoriert die Begrenzung und täuscht somit über die eigentliche Größe des Gartens hinweg. Es spielt keine Rolle, dass Pflanzen in anderweitig nutzbare, offene Bereiche vordringen; wichtiger ist, dass die vor- und zurückweichende Linienführung dem Betrachter eine Weite vermittelt, die einen wesentlich größeren Raum erahnen lässt als der tatsächlich vorhandene.

▲ **Verborgene Grenzen**
Wie groß dieser Garten wirklich ist, lässt sich nur schwer erkennen. Die eigentliche Begrenzung verbirgt sich hinter einer komplexen gestaffelten Bepflanzung, die sich über unterschiedliche Ebenen und Standorte verteilt. Wie eine Attrappe wirkt die »Allee« aus Liguster-Hochstämmen *(Ligustrum lucidum)* die vor dem Hintergrund einer dunklen Wand aus Immergrünen eine imaginäre Grenze bilden.

Wie lassen sich Begrenzungen aufheben?

- Verbergen Sie die wahren geometrischen Umrisse des Gartens durch einen vorspringenden und zurückweichenden Rahmen aus Bäumen und Sträuchern, um die horizontale Kontur von Hecken, Mauern und Umzäunungen zu brechen.
- Stellen Sie einen Spiegel auf, um dem Auge vorzutäuschen, dass sich der Garten auf der anderen Seite der Begrenzung fortsetzt.
- Kaschieren Sie die Präsenz des Spiegels, indem Sie die Ränder hinter Blattwerk verschwinden lassen.
- Ein galvanisiertes Stahl-Paneel, das im Bereich der Begrenzung angebracht und womöglich noch mit einem Spalier versehen wird, fördert die Illusion einer offenen und durchlässig wirkenden Begrenzung, ohne gestochen scharfe Spiegelungen zu erzeugen, die das Bild oft nur stören.
- Überlegen Sie sich, was sich aus der unmittelbaren Umgebung »borgen« ließe; oft kann man ein Pflanzschema aus dem Nachbargarten optisch in das Bild einbinden.

▲ **Den Raum optisch vergrößern**
Drei Spiegel mit breitem architravartigem Rahmen heben eine der Begrenzungen dieses Gartens auf. Die Bepflanzung lässt ihre Konturen weicher erscheinen und unterstreicht die optische Täuschung. So lässt sich nur schwer erkennen, wo das Glas beginnt und wo es endet.

▼ **Eine Enklave**
Mit der fantastisch exzentrischen Interpretation historischer Spitzbögen in dieser Umzäunung ist zugleich eine Stütze für die überschäumende Bepflanzung aus Rosen, *Lavatera* und Wildpflanzen entstanden. Darunter verschwinden buchstäblich die Grenzen dieses winzigen Cottage-Gartens, der zwar an einer Straße liegt, vom Haus aus betrachtet aber ein Bild ländlicher Abgeschiedenheit bietet.

► **Abwechslungsreich gestaffelte Bepflanzung**
Unterschiedliche Pflanzebenen, die sich in Höhe und Charakter unterscheiden, vermitteln den Eindruck unbändiger Wuchsfreude und lenken das Auge von Gedanken an Grenzen und Einfassungen ab. Die geschnittenen Buchspyramiden und Ligusterkugeln *(Ligustrum delavayanum)* setzen einen optischen Kontrapunkt und verhindern, dass der Garten strukturlos erscheint.

reflektiert als eine zum Betrachter senkrechte Ausrichtung. Ein Geheimtipp ist, die Ränder des Spiegels hinter den unregelmäßigen Konturen von Laub zu verbergen, sodass sich nicht mit Sicherheit sagen lässt, wo die Wirklichkeit beginnt und die Reflexion endet. Gittertore mit hinterlegtem Spiegelglas erzeugen die Illusion eines Gartens, der sich auf der anderen Seite des Grundstücks fortsetzt, wobei das Tor als solches die Präsenz des Spiegels verbirgt. Es lohnt sich indes vor Ort zu experimentieren, um die wirkungsvollste Spiegelposition zu erproben.

Seit es preisgünstige Kunststoffspiegel gibt, erfreuen sich diese virtuellen Täuschungen zunehmender Beliebtheit. Acryl- und Polystyren-Spiegel bilden wetterfeste und erschwingliche Alternativen zu Glas. Sie sind als große zusammenhängende Platten in Standardgrößen von bis zu 2,40 x 1,20 Meter erhältlich. Eine andere Möglichkeit wären reflektierende Materialien, von denen zwar keine klar umrissenen Spiegelungen zu erwarten sind, dafür aber vage Impressionen. Sie haben den Vorteil, dass die Objekte des Gartens, insbesondere aber die Zahl der Besucher, nicht, optisch verdoppelt erscheinen. Galvanisierte Stahl-Paneele bieten genau diese Optionen: sie reflektieren Licht und geben die Umgebung umrisshaft wieder, ohne die störenden Nebeneffekte einer gestochen scharfen Abbildung. So entsteht die Illusion, dass es buchstäblich nirgendwo Barrieren gibt, vor allem auch wieder in Verbindung mit einem Spalier. Durch diese schemenhaften Reflexionen lassen sich die Grenzen ebenso überzeugend aufheben wie durch echtes Spiegelglas.

Spielereien des Lichts
Die nur vage umrissene Reflexion von galvanisiertem Stahl hinter grau gebeizten Spalieren versetzt die Begrenzungen dieses bis ins Detail durchgestalteten architektonischen Gartens optisch nach hinten. Aufgrund der Dominanz der reflektierenden Materialien – Stahl und Wasser –, werden Farben und Stimmungen dieses Gartens zum Spielball des Sonnenlichts oder künstlicher Lichtquellen.

Licht und Schatten

Die Wirkung des Lichts ausschöpfen

Tageslicht in dunkle Räume reflektieren

Helle Wandfarben und Bodenmaterialien, eine transparent wirkende Bepflanzung oder glänzende reflektierende Oberflächen können, geschickt eingesetzt, das verfügbare Licht bündeln und anderswo aufleuchten lassen.

Manche Bereiche im Garten bekommen kaum natürliches Licht. Dennoch lassen sich selbst die düstersten Winkel aufhellen, ohne gleich alles abreißen oder künstlich beleuchten zu müssen, ob es sich um das Fleckchen Erde vor einer Souterrainwohnung, einen von Hauswänden eingeschlossenen Hof oder Gärten im Schatten hoher Bäume handelt. Selbst wo zwischen Mauer und einem Souterrainfenster lediglich ein kaum mehr als 1 Meter breiter »Korridor« bleibt, kann dieser, entsprechend begrünt, wie ein kleines Gärtchen wirken. Streichen Sie die Mauern in einem Weißton, hellen Steinfarben oder lichtem Grau, um diesen Eindruck zu verstärken. Da Räume, die kaum direktes Sonnenlicht erhalten, optisch ohnehin kühl wirken, empfiehlt es sich, die etwas wärmeren und neutraleren Weißtöne den kühleren, blaustichigen vorzuziehen. Im Übrigen kommt die Farbe auf einer glatt verputzten Fläche besser zur Geltung, als wenn sie direkt auf rohes Mauerwerk aufgebracht wird.

Pflanzen oder Spaliere oder eine Kombination beider Elemente lassen die frisch gestrichene Wand weniger hart wirken. Wählen Sie ein helles Spalier aus; unterbrochen durch Stützpfeiler kommt es oft besser zur Geltung als eine durchgängig mit Gittern verkleidete Wand. Eine andere Möglichkeit wäre, straff gespannte vertikale Drähte aus verzinktem Material oder Edelstahl als Stütze für Pflanzen anzubringen. Entscheiden Sie sich für Kletterpflanzen oder Mauersträucher, die in der Breite möglichst wenig Raum beanspruchen oder sich so »offen« erziehen lassen, dass ein Großteil der Wand sichtbar bleibt. Pflanzen mit hellem Blattwerk wie der Goldhopfen, silbern panaschierter Efeu oder das immergrüne Geißblatt verbreiten angesichts der Enge und des Lichtmangels unbekümmerte Fröhlichkeit.

Wo man nicht tief genug graben kann, um Pflanzlöcher auszuheben, lassen sich als Alternative über die gesamte Länge des Raums schmale Tröge aufstellen, die passend zur Wandfarbe gestrichen oder aus verzinktem Stahl bzw. anderem lichtreflektierenden Material bestehen könnten. Sie gewähren ein Maximum an Erde, ohne zu viel wertvolle Bodenfläche zu beanspruchen. Im Fall von Betonboden machen sich helle Splitsorten wie etwa Mergel ganz gut, der mit seinem warmen Gelbton den Raum zusätzlich aufhellt.

An Pflanzen eignen sich für eine dunkle Stelle Gewächse mit leichtem, fein gefiedertem Blattwerk besser als solche mit weit ausladendem, kompaktem Laub; auch leuchtend hellgrüne Blätter kommen gut zur Geltung. In die Kategorie dieser schattentolerierenden Pflanzen gehören Bambusarten, Farne, hell bereifte Funkien,

Natürliches Licht nutzen

- Verwandeln Sie ein düsteres Plätzchen im Anschluss an das Souterrain in eine Erweiterung des Gartens.
- Entscheiden Sie sich für helle, reflektierende Wandflächen, um das Beste aus dem spärlichen Licht zu machen. Streichen Sie glatte verputzte Wandflächen mit heller Wandfarbe oder setzen Sie geriffelte galvanisierte Stahlplatten ein.
- Wählen Sie Pflanzen mit hellem Laub (blassen Grün-, Grau- und Weißtönen), anstatt kompakte Immergrüne mit ausgeprägt architektonischem Charakter einzusetzen.
- Dämmen Sie die Bepflanzung entsprechend ein; die weiß gestrichenen Mauern oder ein anderer Hintergrund sollten sichtbar bleiben.
- Heller Kies, glasklare Wasserflächen oder lichtes Pflaster erfüllen den Raum vom Boden her mit Licht.

◀ **Tageslicht einfangen**
Um das Beste aus dem verfügbaren Licht zu machen, empfiehlt es sich, reflektierende Materialien an Mauern und innerhalb Torbögen anzubringen, eine helle Bepflanzung (insbesondere graulaubige Gewächse) ins Auge zu fassen und für das Pflaster oder den Kiesbelag ebenfalls freundliche Farben auszuwählen.

▶ **Engste Bereiche**
Dunkle, räumlich beschränkte Bereiche profitieren ungemein von der Wirkung lichtreflektierender Oberflächen. Hier hellen Glas, weiß gestrichene Wände und silbern schimmernder Kies eine monochrom grüne Bepflanzung auf. Bambus eignet sich mit seiner lockeren und lichten Belaubung und dem schlanken Habitus besonders gut für Standorte, die nur über ein Minimum an Licht verfügen.

▲ Dezente Lichteffekte
Altes, mit silbern schimmernden Platten hinterlegtes Glas erzeugt leicht verschwommen wirkende Lichtreflexe und beschwört den Reiz alten Glases herauf, wie man es von Stilmöbeln kennt und schätzt. Ein mit einer Quecksilberlegierung überzogener Glasball ragt, von einem Stab gestützt, über einer Buchskugel auf, die von einem Meer aus *Santolina chamaecyparissus* var. *nana* eingefasst ist.

▼ Glas und Wasser
In dieser Ecke eines minimalistisch gestalteten Gartens dominieren reflektierende Materialien wie der fein texturierte Bodenbelag aus Klarglas, eine spiegelglatte Wasserfläche und Edelstahl. Die Bepflanzung aus *Equisetum hyemale* und *Agave americana* hebt sich in ihrer klar abgegrenzten Formensprache markant von den glänzenden Oberflächen der streng konturierten baulichen Elemente ab.

▲ Lichtreflektierende Abschirmung
Diese jalousienartige Glaswand besteht aus separaten Paneelen, die beweglich sind, um das Licht einzufangen. Sie bilden einen adäquaten vertikalen Hintergrund zu der vorwiegend linear aufstrebenden Bepflanzung aus *Stipa gigantea, Knautia macedonica* und Rosen. Das zarte, filigran wirkende Arrangement kommt im Seitenlicht besonders schön zur Geltung.

Waldmeister und zartgrünes Mooskraut. Als gute Wahl empfehlen sich meist größere Pflanzen mit bis zu einer gewissen Höhe unbelaubten Stämmen und ausladendem Laubdach. Die glatten Stämme bilden einen schönen Kontrast zu einer schlichten weißen Mauer, ohne die Fläche selbst zu verbergen. Dies gilt gleichermaßen für Bambusarten, die mit ihren warmen goldgelben, schwarzen oder grünen Rohren vor einer weißen Wand eine reizvolle Struktur bilden.

Im vorangegangenen Kapitel wurde bereits auf die Verwendung reflektierender Materialien eingegangen, die beim Versuch, die optische Dominanz von Begrenzungen zu brechen, eingesetzt wurden (s. Seite 70 ff.). Solche Materialien helfen ebenso wirkungsvoll, Licht in einen dunklen Raum zu reflektieren. Spiegel, verzinkter Stahl, insbesondere in Form gewellter Paneele, wie man sie zum Dachdecken verwendet, aber auch Wasser bieten in dieser Hinsicht ein effektives Potenzial. Ein kleiner Spiegel-Teich reflektiert den Himmel selbst im engsten Winkel, während das Glitzern und Funkeln einer kleinen Fontäne oder eines Wasserspeiers auch das dunkelste Eckchen mit Licht erfüllt.

Galvanisierte Stahlplatten mit vertikaler Riffelung bilden ein sehr brauchbares Material für eine Umzäunung oder eine Mauer, denn sie fangen das Licht aus ganz unterschiedlichen Richtungen ein. Sie sollten allerdings so großflächig eingesetzt werden, dass sie eine Verbindung erkennen lassen und nicht wie Flickwerk erscheinen. Wie für die meisten Umzäunungen gilt auch für diese Stahlplatten, dass sie eine 10 x 5 Zentimeter breite »Kappe« aus Bauholz benötigen, um nicht klapprig zu wirken.

▲ **Beschränkte Farbpalette**
Eine Kombination aus grau-, weiß- und grünlaubigen Pflanzen verleiht dieser ungünstig geschnittenen Passage eine ruhige und ansprechend helle Note. Die Beibehaltung der großen schlichten Flächen und die Beschränkung der Farbpalette vereinfachen die Gestaltung und bewirken eine optimale Lichtreflexion.

► **Einen grünen »Korridor« mit Licht erfüllen**
Viele Stadthäuser verfügen über extrem dunkle Bereiche, die, oft tiefer als die Straße gelegen, besser mit weißen als mit bunten Blüten aufgehellt werden. Hier finden sich weiße Petunien, Fleißige Lieschen, Pelargonien und Funkien ergänzt durch weiß- und cremefarben panaschierte Blattschmuckpflanzen.

Hell-Dunkel-Kontraste nutzen

Oft kann eine Gegenüberstellung von Hell-Dunkel-Kontrasten im Garten interessanter wirken als eine Kombinationen unterschiedlicher Farben. Wo es darum geht, das ganze Jahr über Aufmerksamkeit zu erregen, wird man kaum auf Effekte setzen, die von den Launen der Blüten abhängen.

Von daher gilt es, die Hell-Dunkel-Wirkung im Garten auszuschöpfen, sei es im Hinblick auf die Bepflanzung, die bauliche Form oder den Einfluss von Licht und Schatten auf die Gesamtgestaltung. Je vielfältiger und kontrastreicher die dreidimensionale Faszination, desto schöner der Garten. Gemeint ist hier ausdrücklich das Gesamtbild, nicht kleine Effekthaschereien. Betrachten Sie den Garten als eine Reihe großformatiger Blöcke. Analogien zu Malerei und Bühnenbild erweisen sich erneut als Orientierungshilfe: Teilen Sie den Garten in Vorder-, Mittelgrund und Ferne ein. Selbstverständlich lassen sich diese Bereiche auch noch einmal unterteilen. Allerdings muss man wissen, dass ein Zuviel an Hell-Dunkel- oder Farbschattierungen leicht wie Flickwerk erscheinen kann.

So gilt es bei der Gegenüberstellung von hellem und dunklem Laub in Form großflächiger Gruppen eine klare Linienführung anzustreben. Dunkle Immergrüne bilden eine imposante Kulisse für hellere Grüntöne oder graulaubige Pflanzen. So entsteht beispielsweise durch das dunkle blaugrüne Laub der Stechpalme *(Ilex aquifolium* oder *I.* x *meserveae* Blue Prince), das Schwarzgrün von *Quercus ilex* oder *Pittosporum tenuifolium* Purpureum , aber auch durch den nahezu schwarz schimmernden, wie ein niedriges Gras wirkenden Schlangenbart *Ophiopogon planiscapus* Nigrescens ein imposanter Kontrast zu den helleren Grüntönen von *Alchemilla mollis, Sedum* oder lichten graulaubigen Gewächsen wie *Teucrium fruticans* oder *Santolina chamaecyparissus* var. *nana.* Experimentieren Sie mit starken Kontrasten, wo immer es einen langen schmalen Garten mit mehreren Pflanzgruppen zu begrünen gilt, und streben Sie eine klare Gliederung an, indem Sie die dunkleren Pflanzen als Rahmen für die helleren etwa einsetzen – eine Idee, die sich für naturnahe Gestaltungsschemen ebenso anbietet wie für formale Gärten.

Ein in formalen Gärten vielfach bewährter Kunstgriff besteht darin, einen zweiten Gartenbereich mit einem dunklen Torbogen einzufassen. Bestens geeignet für einen bogenförmigen Einschnitt sind Eiben- oder Stechpalmenhecken, die die hellere Bepflanzung auf der anderen Seite reliefartig hervortreten lassen. Ob im streng formalen oder im freier gestalteten Kontext – Beeteinfassungen in Kontrastfarben wirken immer wieder reizvoll. Es muss auch gar nicht die obligatorische Buchshecke sein, zu der es schließlich eine ganze Reihe anderer, heller oder dunkellaubiger Alternativen gibt. *Teucrium chamaedrys* bildet eine bezaubernde niedrige Hecke, die mit ihrem dunklen Grün einen zwanglosen Charme entfaltet. An einem schattigen Standort würde sich aber auch *Ruscus aculeatus* anbieten. Unter den helleren Varianten wären silberlaubiger Thymian *(Thymus serpyllum* Silver Posie), Lavendel oder Katzenminze als schöne Umrandung für ein dunkler bepflanztes Beet oder eine Rabatte zu nennen.

Optimale Wirkung durch Kontraste

- Hell-Dunkel-Kontraste von Bepflanzung und Dekoration verleihen dem Garten eine zusätzliche Dimension.
- Architektonisch geprägte Gärten kommen besser zur Geltung, wenn anstatt auf die Wirkung bunter Blüten auf die Licht- und Schattenwirkung einer einzigen Farbe gesetzt wird. Auf diese Weise lässt sich der skulpturale Effekt hervorheben.
- Setzen Sie dunkle Pflanzbereiche durch helle ab, um die verschiedenen Räume eines Gartens zu definieren.
- Rahmen Sie den Hauptblickfang eines hellen Gartens mit einem Vordergrund aus dunklen Immergrünen ein. Auch ein Ausschnitt in einer Hecke erzeugt Tiefenwirkung.
- Setzen Sie markantes Blattwerk oder einen anderen Blickfang mit ausgeprägten Konturen gegen einen hellen Hintergrund aus Gräsern oder Laub ab.

◄ **Dunkle Raumteiler**
Dunkle Pflanzbereiche heben sich gut von helleren Blättern und Blüten ab. Diese schwarzgrüne Eibenhecke mit bogenförmigem Durchgang schafft einen Kontrast zu der helleren Bepflanzung auf der anderen Seite und bildet zugleich eine wirkungsvolle Kulisse für die lichtere Bepflanzung im Vordergrund.

► **Dunkle Umrandung**
Für eine dezent formale Note der eher naturnah anmutenden Beete sorgt die Umrandung durch die schwarzen Blatthorste von *Ophiopogon planiscapus* 'Nigrescens', die weniger streng wirken als eine Buchseinfassung. Im dunklen Inneren des rustikalen Pavillons, der das Ende der Hauptblickachse des Gartens bildet, reflektiert der als Mittelelement fungierende kleine konvexe Spiegel das Bild des gesamten Gartens.

▲ Von Pflanzen gesäumter Treppenaufgang
Diese Stufen führen vom dunklen Souterrain eines Stadthauses im Regency-Stil in einen großen lichtdurchfluteten Garten. Hier wurde die Dunkelheit des Aufgangs durch die dicht aufeinander folgenden Töpfe mit Bergenien noch verstärkt.

► Aufsehen erregende Blattschmuckpflanzen
Wer könnte sich eine auffallendere Kontrastwirkung vorstellen als die Kombination von schwarzem Schlangenbart, *Ophiopogon planiscapus* 'Nigrescens' und Woll-Ziest, *Stachys byzantina?* In der Regel wirken großflächige Horste besser als kleine Flecken einzelner Pflanzen, zumal diese von Weitem betrachtet dazu tendieren, zu einem monochrom grauen Gesamtbild zu verschmelzen.

Insbesondere in den sonnenärmeren nördlichen Klimazonen sollte man sich die Kontrastwirkung des Laubes zunutze machen, denn die markanten Licht- und Schattenspiele, die das helle Sonnenlicht an sich schon erzeugt, verlangen förmlich danach, durch eine einfallsreiche Bepflanzung unterstrichen zu werden. Diese erweist sich als besonders effektiv, wo nur ein Minimum an natürlichem Licht verfügbar ist, wie etwa im Bereich einer dunklen, vom Souterrain zum Garten hinaufführenden Treppe. In einem solchen Fall empfiehlt es sich, die Dunkelheit zunächst gezielt zu verstärken, um den Gegensatz zum blendenden Licht des Gartens umso dramatischer herauszukehren. So könnte man sich überlegen, beidseitig der Stufen dunkle Töpfe oder Kübel mit großen, schattenspendenden Blattpflanzen (s. oben) aufzustellen. Denkbar wäre am Ende des Aufgangs aber auch ein mit Kletterpflanzen überwachsenes Spalier oder ein Bogengang aus eisernem Gitterwerk, der wie ein grüner Tunnel wirken kann.

Zur Belebung einer schlichten glatten Wand im Schatten kann bereits eine Nische beitragen, die sich mit reflektierendem Material wie Spiegelglas, galvanisiertem Stahl oder selbst einer über einen Rahmen gespannten glänzenden Vinylfolie auskleiden lässt. Noch effektiver einfangen lässt sich das Licht mit facettenartig geschliffenem Material. Es gibt aber auch opake Acryl-Platten, die, von hinten mit fluoreszierenden Leuchten oder normalen Glühlampen angestrahlt, wie eine Außenbeleuchtung (künstliches Tageslicht) wirken und Blattpflanzen mit dunklem architektonischem Laub silhouettenartig hervortreten lassen.

◀ **Verlockender Ausblick**
Nichts ist einladender als der Blick durch den dunklen Rahmen eines Eingangs in einen hellen lichtdurchfluteten Garten. Selbst wenn der Hauptgarten nicht ausgesprochen sonnig ist, erscheint er im Gegensatz zu einem vergleichbar dunkleren Zugang – einem grünen Laubengang oder einer Pergola – sehr viel lichter.

▼ **Laubkontraste**
Helle und dunkle, rau texturierte, glatte oder filigrane, gefiederte Blätter verleihen dem ganz auf Grüntönen basierenden Pflanzschema dieses Gartens seinen Zauber. Als Aufheller wirkt hier *Aucuba japonica* 'Variegata', während das architektonische Blattwerk der *Gunnera* einen markanten Kontrast zur dezenten Struktur der Eibenhecke bildet.

▶ **Optische Effekte**
Diese facettenartig verspiegelte Nische, die, einer Kaskade nachempfunden, Licht in eine dunkle Ecke wirft, wird von »Stalaktiten« aus dunkel gebeiztem Holz eingefasst. Beim Anblick werden unwillkürlich Assoziationen an Höhlen und Grotten, geweckt – ein symbolischer Appel an die Wirkung von Licht und Schatten in der Natur.

Pflanzen künstlich beleuchten

Abends lässt sich wesentlich leichter eine gewisse Dramatik und Kontrastwirkung erzeugen als am Tag, wo sich die Sonneneinstrahlung und somit die Lichtverhältnisse unserer Kontrolle entziehen.

Da man sich in Gärten in der Stadt ohnehin eher abends als tagsüber aufhält, lohnt es sich, die Bepflanzung durch eine entsprechende Beleuchtung in Szene zu setzen. Blendend helles oder grell buntes Licht ist allerdings kaum je angesagt, zumal es die Nachbarn verärgern kann. Am einfachsten lassen sich Pflanzen mit markantem architektonischem Laub beleuchten, das vor einer glatten Fläche wie einer weiß gestrichenen Wand stets hervorragend zur Geltung kommt. Bewährt haben sich dafür mit einem Erdspieß im Boden verankerte Punktstrahler, die optimale Schlagschatten werfen.

Im Übrigen muss nicht zwangsläufig der gesamte Garten beleuchtet werden. Lichtseen, zwischen denen sich immer wieder Dunkelheit ausbreitet, können sehr viel wirkungsvoller sein.

Von Bodenhöhe aus beleuchtet, lassen sich fantastische Schattenbilder und geradezu surreale Gegenlicht-Impressionen erzielen. Um Schatten zu erzeugen werden die Pflanzen von vorn angestrahlt, wo Silhouetteneffekte gefragt sind, von hinten. Lediglich als dunkle Kontur treten sie in Erscheinung, wo die Mauer oder eine andere Fläche im Hintergrund beleuchtet wird. Während eine solche Beleuchtung die Pflanzen geradezu filigran erscheinen lässt, wirken sie, von vorn beleuchtet, ungleich kompakter.

Im Gegenlicht bestens zur Geltung kommen Pflanzen mit offenem, grazilem Profil, wie schön gewachsene Sträucher, Bäume mit interessantem Stamm, Palmen oder Gräser. Pflanzen mit skulpturalem Habitus wirken, von vorn oder von der Seite angestrahlt, holzschnittartig markant.

◀ **Lichtwinkel**
Durch eine vom Boden nach oben gerichtete Beleuchtung lassen sich Pflanzen überraschend in Szene setzen – ein Grund, die breite Palette der verfügbaren Beleuchtungsmöglichkeiten zu nutzen. Die Auswahl reicht von verstellbaren oder fest installierten, bündig in den Boden eingelassenen Strahlern bis zu Punktstrahlern, die mit einem Erdspieß verankert werden, um Licht auf Bäume und Sträucher zu werfen oder wie hier den Verlauf eines Wegs nachzuzeichnen.

▲ **Vorder- und Hintergrundbeleuchtung**
Diese architektonisch anmutenden schwertförmigen Blätter werfen bizarre Schatten auf eine weiße Einfassung. Durch die in Bodenhöhe installierte kombinierte Beleuchtung von vorn und hinten entstehen dunkle Silhouetten, die sich dramatisch von den hell erleuchteten Stämmen und Unterseiten der Blätter abheben.

Licht und Beleuchtung

- In einem naturnah gestalteten Garten wirken Lichtseen, zwischen denen sich immer wieder Dunkelheit ausbreitet, effektvoller als eine Beleuchtung des gesamten Bereichs.
- Eine von Bodenhöhe ausgehende, nach oben gerichtete Beleuchtung verwandelt die vertraute Szenerie und unterstreicht die Wirkung der Stämme und Blattunterseiten.
- Überlegen Sie sich, ob Sie die Bepflanzung von vorn oder hinten beleuchten möchten. Gegenlicht hebt die grazile Erscheinung der Pflanzen hervor und eignet sich gut, um Gräser oder Pflanzen mit zarten filigranen Konturen silhouettenartig zu umreißen. Die Beleuchtung von vorn bietet sich an, um markante skulpturale Konturen von Formschnittpflanzen etwa zu unterstreichen.
- Im Allgemeinen gilt es, die Lichtquelle hinter einem Schirm, einer Kappe oder einem Horst Pflanzen zu verbergen; eine Ausnahme bilden lediglich Strahler, wie sie ähnlich auch zur Markierung von Landebahnen eingesetzt werden.

▲ **Von innen beleuchtete Spalierelemente**
Eine hinter den Stützpfeilern von Spalieren verborgene Beleuchtung hebt deren Gitterstruktur dekorativ hervor und lässt diese wie Lichtsäulen vor der Wand aufragen. Auf diese Weise werden die Pflanzen rundum dezent angestrahlt, und die Blickfangwirkung gewisser »Hauptdarsteller« auch ohne Rundumbeleuchtung unterstrichen.

► **Nächtliches Schauspiel**
Die klaren Stämme der miteinander verflochtenen Hainbuchen sind, jeder für sich, mit einem bündig in den Boden eingelassenen Halogenstrahler beleuchtet. Auf diese Weise erscheinen die vertikalen Linien der Stämme durch die Schatten verdoppelt, während die cremefarbene Mauer im Hintergrund der Bäume zur beeindruckend ausgeleuchteten Kulisse wird.

Generell gilt es die Lichtquelle nach Möglichkeit zu verbergen. Im Fall von im Boden verankerten Punktstrahlern dürfte dies kein Problem sein, da die meisten Leuchtensets mit einer Schutzkappe über der Lampe geliefert werden. Den gleichen Zweck erfüllen aber auch separate bogenförmige Metallschirme, die in den Boden gesteckt werden. Sie lassen sich aus einem Stück Weißblech ganz leicht selbst ausschneiden und dunkelgrün oder schwarz streichen. Aber auch hinter einem größeren Pflanzenhorst, einem Topf, einem Pfeiler oder einer niedrigen Mauer lässt sich die Lichtquelle verbergen. Um Streustrahlung einzudämmen, sind die Leuchtensets mit einem Gitter unter dem Glas versehen. Strahler, wie man sie von Landebahnen kennt, brauchen hingegen nicht kaschiert werden, da sie im Allgemeinen in Gruppen oder Reihen verlegt werden und ihre sichtbaren punktförmigen Köpfe Teil der Gesamtwirkung sind.

Bei den meisten Bausätzen lässt sich der Strahlungswinkel der Lampe verstellen; man sollte vor dem Kauf also genau wissen, welcher Lichteffekt gewünscht ist. Der Öffnungswinkel der Lampen reicht von 10° bis 50° – je kleiner die Gradzahl, desto schmaler und punktförmiger das Licht. Um breite Schatten von einer großen Pflanze zu erhalten, empfiehlt sich demgemäß ein weiter Strahl, für einen bleistiftdünnen Lichteffekt im Bereich einer Mauer oder entlang einem Baumstamm wird man einen Punktstrahler bevorzugen. Auch die Entfernung zwischen dem Leuchtsatz und der Pflanze, die angestrahlt werden soll, spielt eine Rolle. Je größer der Abstand, desto schmaler und konzentrierter sollte der Strahl sein. Wenn man sich nicht sicher ist, empfiehlt es sich, die Wirkung mit einem Montagesatz und diversen Lampen mit unterschiedlicher Leistung und verschiedenen Winkeln auszuprobieren. Für die meisten Montagesätze sind diverse Lampen erhältlich. Die größte Auswahl bietet sich im Bereich der Niedervolt-Halogenlampen, die es in unzähligen Varianten gibt. Man benötigt dafür allerdings einen separaten Transformator.

Neuerdings sind auch Leuchtdioden-Sätze (LEDs) im Handel. Sie haben den Vorteil, dass sie sehr langlebig sind. Weil sich die Lampen aber meist nicht auswechseln lassen, muss das gesamte Modul ausgetauscht werden, wenn die Lampe kaputt ist. Ein weiterer Nachteil ist, dass das Licht sehr blaustichig oder bestenfalls strahlend weiß wirkt, während normale Glühlampen ein warmes Licht erzeugen, das den Grüntönen eines Gartens mehr schmeichelt und sich der Innenbeleuchtung des Hauses auch besser anpasst. Als architektonische Effekt-Beleuchtung lassen sich die blendenden Weiß- und Blautöne der Leuchtdioden mitunter jedoch bestens einsetzen.

▲ **Ein Baum als Blickfang**
Dieser nahezu flache, in das Holzdeck integrierte Strahler veranschaulicht, wie sich auf dezente und unaufdringliche Weise ein Baum beleuchten lässt. Der Effekt des von unten angestrahlten Laubdachs über dem Stamm kann spektakulär sein, insbesondere wo die Baumkrone hoch genug ist, um im Vorbeigehen einen Blick nach oben zu werfen. Bei besonderen Anlässen kann man sich überlegen, farbige Gläser oder bunte Lampen einzusetzen. Ganz erstaunliche Effekte entfalten Blau und Grün.

► **Subtile Lichteffekte**
Am besten kommt eine künstliche Beleuchtung zur Geltung, wenn sie nicht zu grell oder zu auffallend ist. Die Schlitze in diesen Steinquadern streuen ein diffus anmutendes Licht über die Pflanzen im Umkreis, wobei die Blöcke selbst zu schwimmen scheinen. Die weiße Rinde der Birken nimmt im schwachen Schein des Lichts einen magischen Schimmer an.

Architektonische Beleuchtung

Eine Beleuchtung dient nicht allein dazu, das Haus mit seinen Umgrenzungsmauern oder Umzäunungen, seinem Garten mit Teich, Sitzbereich und schmückenden Elementen sichtbar zu machen, sondern vielmehr um Effekte von dramatischer Wirkung zu erzeugen.

Die Rundumbeleuchtung eines Hauses kann im urbanen Rahmen aufdringlich wirken, sofern es sich nicht um ein Bauwerk handelt, das als Teil eines bedeutenden Gebäudekomplexes das Stadtbild prägt. In diesem Fall würde die Beleuchtung nämlich der gesamten Szenerie und nicht einem individuellen Element gelten. Dennoch kann die dezente Beleuchtung der Gartenseite eines Hauses sehr effektvoll wirken und entscheidend zum Bild der Gesamtkomposition beitragen.

Überlegen Sie sich, wie sich der eine oder andere Blickfang dekorativ hervorheben lässt, indem etwa die Textur einer Mauer mit einem Richtstrahler (in unmittelbarer Nähe der Wand installierte Beleuchtung) ausgeleuchtet wird. Auf diese Weise könnte die reizvoll unebene Beschaffenheit des Ziegel- oder Natursteins unterstrichen oder die Wirkung eines Rankgitters an einer Mauer betont werden, zumal die Latten eines Spaliers ungleich plastischer hervortreten als im Tageslicht. Als Alternative könnte man eine Tür oder eines der großen Fenster mit Lichtstreifen, also kombinierten Ober- und Unterlicht-Strahlern versehen, die etwa 1,80 Meter über Bodenhöhe angebracht werden. Von einem solchen Beleuchtungskörper geht ein bleistiftdünner Strahl nach oben und unten, wobei durch den Einsatz mehrerer säulen- oder pilasterartige Lichteffekte entstehen, die im Bereich der gesamten Fassade Aufmerksamkeit erregen. Ein ganz ähnlicher Effekt lässt sich durch Deckenstrahler erzeugen, die in unmittelbarer Nähe des Gebäudes im Boden versenkt werden, wobei sich der Abstand hier gleichermaßen nach den Haupteingängen und Fenstern richtet.

Architektonische Ornamente wie Pfeiler, dekorative Schlusssteine und Vasen sollten so beleuchtet werden, dass sie auch in der Dunkel-

◄ **Beleuchtung von unten**
Nicht von oben wie bei Tageslicht, sondern von unten angestrahlt, lassen sich architektonische, skulpturale oder geometrische Strukturen spektakulär in Szene setzen. Eine Unterwasserbeleuchtung erzeugt diffus schimmernde Lichtseen.

▲ **Streifenförmige Schatten**
Eine in einen gitterförmigen Obelisken integrierte PAR-38-Reflektorlampe wirft dramatische Schatten auf eine Ziegelsteinmauer. Zusätzlich beleuchtet wird diese kleine Terrasse durch das warme Licht, das durch die Fenstertüren fällt.

Gebäude und Strukturen beleuchten

- Die Beleuchtung von Haus und Garten sollte harmonisch aufeinander abgestimmt sein.
- Verwandeln Sie die dem Garten zugewandte Seite des Hauses, indem Sie die dekorativsten Elemente mit Punktstrahlern beleuchten.
- Eine in unmittelbarer Nähe des Objekts – einer Mauer, Umzäunung oder Gitterstruktur -- installierte Lichtquelle unterstreicht deren Texturwirkung.
- Schöpfen Sie den Effekt markanter Schatten aus, indem Sie mit der Position der Lichtquelle experimentieren.
- Ziehen Sie die unterschiedlichen Möglichkeiten, Wasser zu beleuchten, in Betracht: schaffen Sie in stehendem Wasser Streueffekte, die aus der Tiefe zu kommen scheinen oder nach oben hin abstrahlen. Für bewegtes Wasser bietet sich eine Unterwasser-Beleuchtung an, die an der Oberfläche als diffuses Glitzern erscheint.

▲ Musterwiederholung
Hier zeigt sich, wie geschickt sich Betonbausteine nutzen lassen. Die zentrale Öffnung jedes Bausteins ist vor dem Hintergrund des weiß reflektierenden Materials mit einem Teelicht versehen. Mit seinem Flackern taucht es die von Philippe Starck entworfenen Stühle in einen weichen Schimmer.

► Im warmen Schein von Glühlampen und Kerzen
Halogen-Strahler beleuchten von unten her die Stämme des Bambus über dem Becken, während die unter der Wasseroberfläche integrierten Punktstrahler den Zufluss illuminieren und schimmernde Lichtseen erzeugen. Das Kerzenlicht in den nordafrikanischen Laternen verbreitet Gemütlichkeit.

heit einen Blickfang bilden. Beachten Sie, dass überstehende Profile, ob von oben angestrahlt (wie durch Tageslicht) oder von unten beleuchtet, tiefe Schatten werfen. Vasen mit weit überkragendem Rand wird man eventuell gar vom Sockelelement ausgehend anstrahlen.

Um die Wirkung markanter Schatten optimal auszuschöpfen, setzen Sie eine PAR-38-Reflektorlampe hinter ein Spalierelement und stellen sie beispielsweise so ein, dass die schlichte glatte Wand dahinter mit streifenförmigen radialen Schatten überzogen wird. Auch geometrisch gestaltete Formschnittpflanzen zeichnen sich, frontal von unten angestrahlt, als interessantes Schattenmuster auf der Hauswand dahinter ab, unterstreichen zugleich aber auch die Wirkung der Formschnittelemente als Ergänzung der Architektur.

Auch ein schön beleuchtetes Wasserelement kann in einem Garten eine Attraktion sein. So wird man bei einem Wasserspeier oder einer Fontäne etwa die Strahler unterhalb der »Quelle« anbringen, um den Glitzereffekt des Wassers zu unterstreichen. Ein formales Becken mit stehendem Wasser beleuchtet man hingegen besser von den Schmalseiten aus über die gesamte Breite und unterhalb der Wasseroberfläche; so entstehen schimmernde Bereiche mit Streulicht, die, gleichweit auseinander, am besten zur Geltung kommen. Um einen gleichmäßigen Schimmer über die gesamte Wasserfläche zu werfen, könnten Sie versuchen, am umlaufenden Rand des Teichbeckens einen durchgehenden Leuchtschlauch direkt unterhalb der Einfassung zu integrieren. Falls die Einfassung weit genug übersteht, lässt sich auch ein 2 Zentimeter starker, transparenter Schlauch mit winzigen wasserfesten Lämpchen darin verbergen. Bei dieser Art der indirekten Beleuchtung sollte die Lichtquelle nicht sichtbar sein; durch eine kleine schwarze Metallkappe lässt sie sich notfalls aber problemlos abdecken.

◄ **Schmale Souterrain-Passage**
Im Apartment der Designerin Ginnie Howard verbinden sich klassische Eleganz mit moderner Schlichtheit. Die durch minimale Bepflanzung begrünte Passage bildet, von zwei Halogenstrahlern beleuchtet, eine harmonische Einstimmung auf die Lichtverhältnisse im Inneren.

► **Unterwasserbeleuchtung**
Die in das kleine Wasserbecken integrierten Trittplatten scheinen aufgrund der Beleuchtung über dem Wasser zu schweben – ein Eindruck, den die erhellten Ränder noch verstärken.

▼ **Seitlich angestrahlte Amphoren**
Die beiden zwischen zwei Hecken aufgestellten Amphoren werden von im Boden verankerten PAR-38-Reflektorlampen beleuchtet, die von grün gestrichenen Blechabschirmungen kaschiert werden. Diese verhindern, dass die Lichtquelle innerhalb der Hainbuchenhecke von außen sichtbar ist.

Beleuchten einer Blickachse

Unterstreichen Sie die Wirkung einer sehenswerten Perspektive durch gezielte Beleuchtung des Hauptblickfangs. Allein schon die Tatsache, dass Hintergrund und Umgebung im Dunkeln bleiben können, eröffnet ungeahnte Gestaltungsmöglichkeiten.

Bei Dunkelheit lassen sich ganz neue Akzente setzen, denn Orte, die tagsüber kaum auffallen, können durch entsprechende Beleuchtung spektakulär ins Rampenlicht gerückt werden. So lässt sich ein winziger Gartenbereich im unmittelbaren Blickfeld des Wohnzimmerfensters etwa auf gleiche Weise wie der Innenraum beleuchten. Man gewinnt dann von innen den Eindruck, dass der Garten Teil des Raums und somit eine Erweiterung des Hauses ist. Wo sich große Fenstertüren oder Glasfronten zum Garten hin öffnen, funktioniert dieser Lichteffekt besonders gut.

Oft bildet ein im Zentrum des Fensters oder der Tür aufgestelltes größeres Objekt, das von oben oder unten mit verstellbaren Strahlern beleuchtet wird, einen Blickfang mit dramatischer Wirkung. Die seitliche Beleuchtung bleibt weniger formalen Gestaltungsschemen vorbehalten oder ist Teil von Lichtkompositionen größeren Umfangs.

»Landebahn«-Strahler, die bündig in den Boden eingelassen werden, eignen sich besonders gut, um die Konturen eines Wegs oder Rasens nachzuzeichnen und somit zugleich eine unübersehbare Blickachse zu schaffen. Je nach Länge der Blickachse sollten die Strahler in jeweils mindestens 90 Zentimeter Abstand aufeinander folgen. Um die Illusion größerer Entfernung zu erzeugen, kann man sie gegen Ende hin zunehmend dichter zusammenrücken. Solche Strahler bilden eine unaufdringliche Möglichkeit, den Weg zur Haustür auszuleuchten. Durch halbrunde Hauben oder Kappen lässt sich die Blendwirkung im Bereich von Wegen verringern. Zur Orientierung dürften Lampen mit niedriger Wattzahl ausreichen.

Darüber hinaus gibt es unzählige andere Möglichkeiten, um eine Blickachse zu beleuchten, von traditionellen Kerzen über Windlichter und Fackeln bis zu Feuerwerkskörpern. Die im Freien am häufigsten eingesetzten Beleuchtungskörper sind Niedrig-Volt-Halogen-Strahler und normale 220-Volt-Lampen. Ihr warmes Licht verbindet sich harmonisch mit der Beleuchtung im Hausinneren. Eine andere Möglichkeit wären Leuchtstoffröhren, die sich für dezentes Streulicht eignen,

Beleuchtung als Perspektive

- Erhellen Sie das Blickfeld, das sich vom Fenster aus bietet, mit einer Beleuchtung, die sich dem Licht im Hausinneren anpasst.
- Nutzen Sie für formale Gestaltungsschemen die Beleuchtung von vorn und behalten Sie sich für größere oder naturnah gestaltete Bereiche die Beleuchtung von der Seite vor.
- Leuchten Sie einen Weg mit »Landebahn-Strahlern« aus, die bündig in den Boden eingelassen werden. Bei gepflasterten Wegen ist es einfacher, die Lichter in einen Streifen Kies links und rechts des Weges zu integrieren. Am Rand einer Rasenfläche sollten die Lichter mit der Grasnarbe plan sein, damit sie das Mähen nicht behindern.
- Fluoreszierendes Licht, insbesondere die etwas abgetönten Varianten der normalen Glühlampen, eignen sich zur Hintergrund- oder indirekten Beleuchtung.

◀ **»Landebahn«-Lichter und Randstrahler**
Zeichnen Sie den Verlauf eines Wegs mit bündig in den Boden eingelassenen Niedrig-Volt- oder normalen Glühlampen nach. Für ein Beet oder eine Rabatte lassen sich mit einem Erdspieß versehene Montagesets verwenden, die mit Blattwerk kaschiert werden.

▶ **Schmale Lichtbahn**
Dieser gläserne »Kanal« innerhalb des Holzdecks wirkt auf den ersten Blick wie Wasser. Er besteht in Wirklichkeit aber aus einem satinierten Glasstreifen, der über einer Kaltlichtquelle aufgebracht wurde. Das Beleuchtungsmedium verfügt über ganz ähnliche Eigenschaften wie Neonlicht und ist in unterschiedlichen Größen erhältlich.

◄ **Markanter Blickfang von einer Küche aus**
Diese auf einem Sockel aus Kieseln stehende Urne bildet das Ende eines Blickfelds, das sich vom Essbereich eines kleinen Souterrain-Apartments aus bietet und das vor einem Hintergrund aus Zinkblech von oben und frontal beleuchtet wird. Beidseitig der Urne erheben sich Säulen mit künstlichen Agaven, die von randbündig eingesetzten Deckenstrahlern und integrierten Bodenstrahlern illuminiert werden.

► **Vauxhall-Lichter und Feuerwerkskörper**
Ein Weg mit zwei Treppen wird hier vorübergehend mit Teelichtern in alten Vauxhall-Gläsern – dem im 19. Jahrhundert üblichen Äquivalent zu heutigen Windlichtern – sowie Feuerwerkskörpern beleuchtet.

wie es etwa hinter satiniertem Glas oder opakem Acryl eingesetzt wird. Da es sich um lineare Lichtquellen handelt, sind fluoreszierende Leucht- oder Neonröhren ideal für richtungsweisende Lichteffekte, wie sie zur Begrenzung einer Achse oder als Einfassung eines zentralen Blickfangs eingesetzt werden. Neonröhren sind in unzähligen Farben erhältlich, haben allerdings ihren Preis. Meist muss die fluoreszierende Röhre hinter einem Diffuser kaschiert werden oder, bei indirekter Beleuchtung, hinter einer Kappe oder einem Metallschirm. Verwenden Sie zur Sicherheit speziell für den Gebrauch im Freien vorgesehene Montagesätze.

Für besondere Anlässe gibt es allerdings nichts Reizvolleres als die so genannten Vauxhall-Lichter, Windlichter wie sie 1839 erstmals zu Beleuchtung der Vauxhall Gardens in London eingesetzt wurden. Sie bestehen im Grunde aus Teelichtern, kleinen, in ein Aluminiumtöpfchen eingesetzten Kerzen, die mit ihrem charakteristisch flackernden Licht einen eigenen Zauber entfalten. Stellen Sie sie auf den Boden, um Stufen und Wege zu beleuchten (s. rechts) oder hängen Sie sie an Umzäunungen, Hecken oder Spaliere, um eine Blickachse »nachzuzeichnen«.

Symmetrie und Asymmetrie
Obwohl die Hauptblickachse dieses japanisch anmutenden Gartens vollkommen symmetrisch ausgeleuchtet ist, steht der Felsblock außerhalb dieser Symmetrie. Kunstnebel sorgt innerhalb des Wasserbeckens für den Streueffekt der unterirdisch installierten Beleuchtung.

Bodenflächen

Wodurch sich Gras und Pflaster ersetzen lassen

Alternativen zu Gras

In den kleinen Gärten in der Stadt wird man kaum je einen wirklich schönen Rasen finden, denn im Schatten von Hauswänden wächst das Gras meist nur spärlich. Selbst in größeren sonnigen Gärten gibt es Bereiche, wo Gras so stark strapaziert wird, dass es sich nicht als praktikabel erweist.

Auch wenn der englische Rasen mit seinem satten Grün unübertrefflich ist, so hat die etwas rauere Textur der für wärmere Länder geeigneten Rasenmischungen durchaus auch ihren Reiz; allerdings gibt es Stellen, wo selbst das robusteste Gras keine Überlebenschance hat. Dennoch lässt sich der Gartenboden dank eines breiten Pflanzensortiments auch auf andere Weise ansprechend begrünen.

Das Spektrum reicht von Buchs bis Efeu, Begrünungen, die, niedrig gehalten, größere Flächen überziehen oder sich, zu geometrischen Formen erzogen, in Kies einsetzen lassen. Auch Sukkulenten wie Hauswurzarten oder der Mauerpfeffer *(Sedum acre)* eignen sich als Bodendecker, sind aber nicht trittfest. Wie sich die beiden Dickblattgewächse zur Abwechslung mit Kies oder Pflaster kombinieren lassen, ist auf Seite 115 veranschaulicht. Die Kamille toleriert gelegentliches Begehen und verströmt darüber hinaus ein köstliches Aroma. Im Schatten breiten sich die verschiedenen *Ophiopogon*-Arten mit der Zeit von selbst zu großen geschlossenen Flächen aus, allerdings nicht als strapazierfähige Wegbegrünung.

Andere Pflanzen verwildern dekorativ zwischen Kies oder in den Fugen des Pflasters und lockern weiträumige Steinflächen mit ihrem Grün auf. Die verschiedenen Thymiane bilden in solchen Bereichen ansehnliche Matten, die sich rasch ausbreiten. Allerdings sollte man eher sparsam damit umgehen, denn ein Kunterbunt an Farben kann zwischen Pflastersteinen bedrückend unordentlich wirken. So kommen Gruppen, die bewusst auf eine oder zwei Pflanzen beschränkt sind, oft besser zur Geltung als ein Sammelsurium da und dort verstreuter Gewächse.

Auch *Erigeron karvinskianus*, das horstbildende Spanische Gänseblümchen, breitet sich zu einem Meer rosa-weißer Blüten aus, während an entsprechend feuchten Standorten *Soleirolia soleirolii* mit seinem frischen hellen Grün weich wogende Hügel bildet. Experimentieren Sie auch mit anderen Pflanzen, die oft ganz von selbst ihren Weg in feinste Ritzen finden und mit der Zeit zu großen Kolonien heranwachsen.

Da es eine ganze Reihe Pflanzen gibt, die bestens in Kies gedeihen, kann der Übergang zwischen Kies und Vegetation, Vegetation und Kies fließend sein. Erfolgreich verwirklicht ist diese Idee in Elsing Hall (Norfolk), aber auch in Beth Chattos Garten in Elmstead Market (Essex). Obwohl beides große Gärten sind, lassen sich ihre Pflanzschemen gut auch auf einen kleineren Rahmen übertragen. In Elsing Hall sind die üppig an der Hauswand aufrankenden Kletterrosen mit niedrigeren Pflanzen kombiniert, die sich frei entfalten dürfen: Edeldisteln *(Eryngium)* und die verschiedensten Wolfsmilchgewächse *(Euphorbia), Geranium maderense, Erigeron karvinskianus, Lychnis coronaria* Alba , Salbei und Zistrosen. Was diese Bepflanzung für

◄ **Abwechslungsreiche Alternativen zu Gras**
Die kontrastierenden Texturen von Kies, Pflaster und akkurat beschnittenen Buchs-Tableaus erregen in einem schattigen Garten in der Stadt auch ohne den obligatorischen Rasen eine gewisse Spannung und Aufmerksamkeit.

▲ **Verwischte Konturen**
In diesem Garten sind die Grenzen zwischen Pflaster, Weg und Bepflanzung aufgehoben. Die eine Seite der Kiesfläche verbirgt sich reizvoll unter der naturnahen Bepflanzung aus Bodendeckern und Kletterpflanzen.

Bodendecker und durch Pflanzen aufgelockerte Pflasterflächen

- Wo Gras keine Chance hat, sollten Sie auf robuste Pflanzen wie Buchs und Efeu zurückgreifen, die schattige und trockene Standorte tolerieren. Hauswurzarten und Mauerpfeffer erfordern trockene und sonnige Bedingungen.
- Sonnige Stellen bieten sich geradezu an, um Kies oder Pflaster mit Pflanzen wie Thymian und Mauerpfeffer *(Sedum acre)* zu kombinieren.
- Auf schattigen, feuchten Standorten bildet *Soleirolia soleirolii* mit seinen leuchtend grünen Horsten bald wogende Teppiche.
- In einem durchgehend gepflasterten Hof lässt sich der Raum durch Pflanztaschen mit niedrigen Gewächsen gliedern, die sich zu rasterartigen Mustern formieren oder den Blick in eine bestimmte Richtung lenken.
- Gras oder Moospolster können in den Ritzen von Ziegel- oder Natursteinpflaster sehr dekorativ wirken, vorausgesetzt, man dämmt sie entsprechend ein.

◄ **Begrenzte Bereiche**
Die verschiedenen Bereiche dieses Gartens werden durch hellere Steinränder klar voneinander abgegrenzt. Eine mit Schieferplatten belegte Terrasse bildet einen idealen Essplatz. Weniger vom Schatten des Hauses betroffen, ist die etwas tiefer gelegene Fläche; hier dürfte Gras entschieden bessere Überlebenschancen haben.

▼ **Kreativ kombiniert**
Die vielfältigen Strukturen von Fluss-Kieseln (Flint), Platten, Ziegelstein und Kies bieten gemeinsam mit den Pflanzen, die sich dazwischen ausgesät haben, ein abwechslungsreiches Bild, auch ohne Rasenfläche.

Buchs und Kies
Die rhythmisch wiederholte Struktur der quadratischen buchsgesäumten Beete mit den pyramidenförmigen Kirschlorbeerbäumchen als Mittelelement wirken, unterbrochen von schmalen Kieswegen, auf der Schattenseite eines kleinen urbanen Gartens erfreulich ansprechend. Die weißen Tulpen hellen das Grün saisonal auf.

kleine Flecken so reizvoll macht, ist der fließende Übergang zu einem zwar in sich abgegrenzten Kiesbereich, der von der wuchsfreudigen Vegetation aber immer wieder durchbrochen wird. Regelmäßiges Jäten und Ausdünnen gewährleisten, dass freie Kiesflächen erhalten bleiben. Auf diese Weise verändert sich das »Layout« des Gartens von Jahr zu Jahr beinahe unmerklich.

Wenn der Boden in einem Garten vorwiegend aus Pflaster besteht, gilt es durch eine interessante Farb- und Texturwirkung für ein Gegengewicht zu sorgen. In minimalistisch gestalteten Gärten kann ein durchgängig schlichter Bodenbelag zwar stimmig wirken, was aber nicht heißt, dass auf Muster generell verzichtet werden sollte, zumal sich reizvolle Farb- und Texturvarianten für Pflasterflächen anbieten.

So kann man sich etwa überlegen, wie sich der Raum durch Verwendung unterschiedlicher Materialien in Felder unterteilen lässt und Blickachsen entstehen könnten, die das Auge in eine bestimmte Richtung lenken. Eine Kombination aus Steinfliesen, Ziegel und Kieseln kann, in einem Mörtelbett verlegt, sehr ansprechend wirken, vorausgesetzt, man vermeidet allzu starke Farbkontraste. Mit der Zeit nehmen aber selbst die lebhaftesten Materialien eine leicht verwaschene Tönung und somit eine »natürlichere« Patina an. Dem Raster entsprechend können hier Beete entstehen und dort Pflanztaschen, die große Pflasterflächen wirkungsvoll unterbrechen. Insbesondere von oben betrachtet, entfalten diese Muster aus baulichen Materialien und einer weich überbordenden Bepflanzung eine ungemein attraktive Wirkung.

▲ **Grünes Fugenmuster**
Moos, Gras und Unkraut haben sich in den Fugen angesiedelt und unterstreichen das Muster der Ziegelsteine, vorausgesetzt man hält sie in Zaum. Mähen ist hier in der Regel einfacher als Jäten.

◄ **Dekorativ abgedeckt**
Das zwischen den Schieferplatten ausgesparte Feld am Fuß der Birke ist mit weißen Kieseln abgedeckt, die das Bild wirkungsvoll aufhellen und eine optische Verbindung zur weißen Rinde schaffen.

▲ **Texturenvielfalt im Quadrat**
Ein Schachbrettmuster aus verschiedenfarbigem Kies, das von Pflanzfeldern aus Hauswurz und Mauerpfeffer (eine *Sedum*-Art, die nahezu kein Wasser benötigt) unterbrochen wird, ist durch schwarz gebeizte Begrenzungen aus Holz gegliedert – eine sehr effektvolle Kombination für einen trockenen, sonnigen Standort.

► **Einfassen von Kiesflächen**
Steinquader mit zerklüfteter Oberfläche bilden eine dekorative Begrenzung zwischen Kiesfläche, Beet oder Rasen.

Kreative Gestaltungsideen für Kies

Der Begriff »Kies« ist so weit gefasst, dass Materialien von ganz unterschiedlicher Größe, Textur und Farbe darunter fallen. Man sollte ihn auf vielfältige Weise als dekoratives Element im Garten einsetzen.

Kies war einst »fester« Bestandteil des formalen Gartens. Im 17. Jahrhundert galt ein Buchs-Parterre als unfertig, solange es nicht mit verschiedenfarbigem Kies ausgefüllt war, der zugleich als Abgrenzung und Belebung des Musters diente. Heute dürften solche kunstvollen Broderien im Garten zwar eher befremdend wirken, aber vereinfachte Varianten dieser Idee lassen sich nach wie vor wirkungsvoll einsetzen.

Man braucht sich nur die arabeskenartigen Ornamente aus Buchs, Lavendel oder *Teucrium chamaedrys* innerhalb bunter Kieskompartimente vorzustellen, wobei sich der Farbwechsel durch leicht erhöhte Ziegelsteinbänder und die niedrigen Hecken selbst markieren lässt. Am schönsten wirkt in diesem Kontext feiner Flusskies. Da die Wirkung aber gleichermaßen von der Farbe wie von der Textur abhängt, gilt es gezielt zwischen weißem, schwarzem, bräunlich rotem, grauem Kies oder einer entsprechenden Mischung zu wählen. Ausgehend von dieser Basis lassen sich dezenter leuchtende Farben in Form von Glasfragmenten, Marmorsplitt oder gefärbtem Kies einbringen. Als schmale Trennung zwischen den einzelnen Farben eignen sich Rasenbegrenzungen aus biegsamem Metall, die es in jeder erforderlichen Länge zu kaufen gibt.

Der Entwurf des Parterres kann ganz schlicht sein und angesichts des verfügbaren Raums unverhältnismäßig groß wirken, denn so entsteht der Eindruck, dass es sich um einen Ausschnitt eines weit größeren Areals handelt. Auf diese Weise lässt sich selbst auf kleinstem Raum ein Hauch Grandeur entfalten, vergleichbar den markanten Konturen japanischer Holzschnitte.

Eine ebenfalls auf das 17. Jahrhundert zurückgehende Gestaltungsidee war das Parterre à l'angloise, dessen flaches Design lediglich aus gemähtem Gras und Kies bestand und sich somit ausgesprochen wirkungsvoll auf den modernen Garten übertragen lässt, ob im Kontext eines formal symmetrischen Musters oder gewagter asymmetrischer Gestaltungen. Fassen Sie Gras und Kies mit einer Metallbegrenzung ein, um einen akkuraten Rand zu erhalten und wählen Sie in diesem Fall Kies in einer hellen, neutralen Farbe, die sich harmonisch dem Gras anpasst. Selbst in komplexeren Gestaltungsschemen empfiehlt es sich, auf Kies in nur einer Farbe zurückzugreifen. All diese Muster lassen sich durch den vertikalen Habitus einer Solitärpflanze beleben, wie etwa *Cupressus sempervirens* (Stricta-Gruppe), *Juniperus scopulorum* Skyrocket , aber auch durch konische Buchs- oder Eiben-Formschnittelemente.

Aber selbst wo man sich für die schlichteste aller Möglichkeiten entscheidet – Kies verfehlt im Garten nie seine Wirkung. So bildet ein breiter serpentinenförmiger Weg zwischen Schwaden fein aufeinander abgestimmter Bepflanzungen ein unübersehbares Struktur-

◄ **Schlichte Variierung eines traditionellen Parterres**
Die kunstvollen barocken Bögen eines typischen Parterre de Broderie (17. Jahrhundert) formieren sich hier zu vier schlichten Buchs-Arabesken, die, in verschiedenfarbigen Kies eingebettet, von einem Rahmen aus Ziegel eingefasst werden.

▲ **Teppich-Einfassung**
Ein Muster, das an die Einfassung eines Teppichs erinnert, markiert die Verbindung zwischen Gras und einem Streifen Katzenminze. Die Komposition wird durch hellen Kies unterstrichen, der den Raum zwischen einer Reihe Ziegel und diagonal geschnittenen Steinplatten ausfüllt.

Kies-Design

- Verwenden Sie farbigen, feinkörnigen Kies als Begrenzung der verschiedenen Kompartimente eines Parterres oder Knotengartens aus Buchs, Lavendel oder *Teucrium chamaedrys.*

- Heller Kies eignet sich, um die Umrisse eines Parterre à l'angloise, eines flachen Designmusters aus kurz gemähtem Gras und Kies abzugrenzen.

- Mit Kies lassen sich im Handumdrehen große freie Flächen schaffen – verwenden Sie das Material für einen Weg, der als dominierendes Element im Garten Aufmerksamkeit erregt oder um geometrische Bereiche als Kontrast zu einer überbordend naturnahen Bepflanzung zu schaffen.

- Um auf einer ansonsten schmucklosen Fläche für Textur zu sorgen, bringen Sie mit dem Rechen interessante Muster ein.

- Der Boden eines Gartens kann vorwiegend aus Kies bestehen, der sich von anderen Materialien einfassen lässt. So lässt sich plan zur Kiesfläche etwa Pflaster in den unterschiedlichsten Varianten verlegen.

element. Eine besonders schöne Wirkung erzielt man mit Kies, der einen starken farblichen Kontrast zur Bepflanzung bildet. So kann ein klar abgegrenztes Rechteck aus Kies einen Kontrapunkt zur verschwenderisch üppigen Vegetation bilden, zumal der Reiz gelungener Gärten nicht zuletzt auf der Polarität zwischen strenger Geometrie und überschäumender Wuchsfreude beruht.

Überlegen Sie sich auch, wie die unterschiedlichen Texturen von Kies und größeren Flusskieseln am besten zur Geltung kommen. Wenn in japanischen Gärten der Kies im Umkreis von Felsblöcken zu stilvollen Mustern gerecht wird, so lässt sich diese Idee auch auf andere Gartenstile übertragen. So könnte man etwa eine kräftige Streifenstruktur einbringen, um die Breite eines Gartens zu unterstreichen oder den Schritt durch richtungsweisende Linienführung auf einen Blickfang lenken. Für einen solchen Effekt genügt es bereits, verschieden große Kiesel in einem mit dem Rechen konturierten Kiesbett zu arrangieren. Und was diese Idee noch attraktiver macht: sie lässt sich jederzeit problemlos verändern.

Kies kann aber auch als Basismaterial verwendet und mit Materialien wie Steinplatten, Holzbohlen, Naturstein und Pflanzen, ob formal oder naturnah arrangiert, kombiniert werden. In diesem Fall könnte man sich überlegen, farblich ähnliches Material in unterschiedlichen Größen zu integrieren, gröbere Körnungen also im Vordergrund und kleinere weiter hinten, um außer einer illusorischen Perspektive auch eine abwechslungsreiche Textur zu gewinnen.

◀ **Unübersehbar**
Eine dynamische Wirkung entfaltet dieser mit hellem Kies und Kalkstein-Splitt belegte Weg, der sich, gesäumt von schön aufeinander abgestimmten Blattpflanzen, in Kurven durch den Garten zieht.

▼ **Jederzeit wiederherstellbare Musterstrukturen**
Wie im japanischen Garten lenkt der in Form gerechte Kies im Umkreis eines sorgfältig ausgewählten Felsblocks in diesem minimalistisch gestalteten Design das Interesse auf die Schönheit der Texturen und Linien.

▶ **Größenvariationen**
Große, in Mörtel gesetzte Flusskiesel bilden die Setzstufen für die flache Abtreppung und sorgen für eine interessante Strukturwirkung dieses Wegs.

Naturnah anmutende Komposition
Thymiane und Schafgarben bilden reizvolle Pflanzpartner innerhalb eines Kiesbetts, das durch Flusskiesel und Holzplanken aufgelockert ist. Ohne jeden Bruch scheinen die verschiedenen Materialien ineinander überzugehen und laden ein, die unterschiedlichen Gartenteile zu erkunden.

Einfallsreich gestaltete Wege und Plätze

Komponenten wie Oberfläche, Farbe und Struktur spielen beim Gestalten von Pflasterflächen eine ebenso wichtige Rolle wie beim Kombinieren von Pflanzen. Unterschiedliche Materialien oder Abweichungen von den üblichen Verlegepraktiken bringen Spannung und Abwechslung in den Garten.

Für Wege und Plätze im Garten gelten im Grunde ganz ähnliche Maßstäbe wie für die Böden im Haus: Gestaltungsideen, die relativ ruhig wirken, kommen hier wie dort am besten zur Geltung. Gleich einem gemusterten Teppich sollten komplex gestaltete Partien durch größere, schlicht gehaltene Flächen abgesetzt werden. Darüber hinaus gilt es, die richtungsweisende Funktion dominierender Farben oder Texturen zu nutzen, um das Auge gezielt auf einen Blickfang zu lenken. Was die Wegführung anbetrifft, so muss nicht zwangsläufig die Längsrichtung hervorgehoben werden; einige Querbänder in einem markant kontrastierenden Material genügen, um die Breitenwirkung zu unterstreichen und somit Dynamik und Bewegung zu erzeugen. Beliebige Unterteilungen, wie sie die diagonal geschnittenen Platten einbringen, entfalten, unterbrochen durch die Ammoniten (s. rechts), eine leicht skurril anmutende Fröhlichkeit, die so ganz anders wirkt, als die kühle Eleganz gerader Linien.

Wo eine Kombination mehrerer Materialien vorgesehen ist, wird man zunächst prüfen, ob diese miteinander harmonieren, zugleich aber auch einen farblichen Kontrast zur Bepflanzung bilden. Im Prinzip sollte sich die Pflasterung klar abheben. Sehr dekorativ wirkt oft auch ein einziges Material in unterschiedlichen Texturen, wie etwa Natursteinplatten mit akkurat geschnittenen Kanten und polygonal gebrochenen Rändern. Auch die Verlegeart einer Platte oder Betonfliese beeinflusst die Wirkung des Musters. So entfalten flache, plane Fugen eine einheitlichere Flächenwirkung, während tieferliegende Fugen oder solche mit breiterem Rand die Platte eher als Einzelelement hervortreten lassen. Ein preisgünstiges aber wirkungsvolles Gittermuster

Muster an Muster
Verschiedene Materialien wie ornamental verlegte Flusskiesel, Kies und Steinfliesen verbinden sich hier zu einer opulenten Bildwirkung. Schon wenig Wasser genügt, und die Farben des Einlegemusters beginnen zu glänzen, als ob sie mit Lack überzogen wären.

Verschiedene Pflastermöglichkeiten

- Der Bodenbelag eines Gartens ist mit dem Boden eines Zimmers vergleichbar. Setzen Sie schlichte Flächen in Kontrast zu gemusterten, um ein ansprechendes Gesamtbild zu schaffen.
- Kombinieren Sie preiswerte Betonfliesen mit interessanteren Materialien wie Ziegel.
- Orientieren Sie sich an den kleinteiligen Mosaikmustern der Mittelmeerländer, um dekorativ gemusterte Flächen zu schaffen.
- Experimentieren Sie mit alten und neuen Materialien, die, kombiniert, oft überraschende Effekte erzeugen.
- Schöpfen Sie den natürlichen Alterungseffekt des Materials aus. Selbst auf modernem Betonpflaster bildet sich mit den Jahren eine Patina.

Form, Farbe und Textur
Keilförmig geschnittene Steinplatten wechseln sich mit in Kies integrierten Ammoniten ab; so entsteht ein Weg, der mit seinem leicht schlenkernden Verlauf Fröhlichkeit ausstrahlt. Die Kombination der Formen und Texturen impliziert Bewegung.

entsteht, wenn Betonplatten mit einem Rand aus frostfestem Ziegelstein eingefasst werden. Man kann aber auch versuchen, eine größere Pflasterfläche mit einem Rahmen aus Ziegelstein zu umgeben, wobei die Ziegel in diesem Fall nicht horizontal, sondern vertikal verlegt werden sollten. Inspirationen bieten aber auch die tradierten Mustervorlagen und Verlegevarianten, die sich von Land zu Land und von Region zu Region unterscheiden. Eingelegte Kieselstein-Ornamente, wie man sie in Spanien und Italien überall sieht, lassen sich leicht auch anderswo verwirklichen. Sie beruhen meist auf der Wirkung kontrastierender Farben: kleine, schwarz-weiße Fluss- oder Meerkiesel, die sich zu Rauten-, Sternmustern oder barocken Schnörkeln formieren. Manchmal sind sie von einem breiten Gitterraster aus eigens behauenem Stein eingefasst. Die wunderbar komplexen Entwürfe mit eingelegten Kieseln in fein aufeinander abgestimmten Farben stellen im Grunde eine Neuinterpretation der römischen Mosaiken dar, auch wenn anstatt Glas-Tesserae Naturstein verwendet wird.

Als Teil gewachsener heimischer Tradition fügen sich die vielfältigen regional verfügbaren Pflastermaterialien meist gut auch in moderne Gestaltungsschemen ein. Da ist beispielsweise Schiefer, der sich nicht nur gerade, sondern auch über Eck oder im Fischgrätmuster verlegen lässt, Kiesel, die in Mörtel eingebettet, wie schmale, den Weg säumende Wasserrinnen wirken, aber auch kleines viereckiges Kopfsteinpflaster. Manchmal lassen sich durch Kombinieren von Altem und Neuem auch überraschende Effekte erzielen, so etwa durch das Zusammenspiel von Keramikmosaik mit Granitpflaster und Kies (siehe rechts). Begrenzungskanten aus Edelstahl wirken, flächenbündig eingelegt, auch in Verbindung mit geschnittenen Platten sehr dekorativ. In den Stein gefräste und anschließend eingefärbte Furchen, die sich zu abstrakten Mustern formieren, können ein dezentes Ornament bilden (s. S. 172). Der Reiz vieler Naturmaterialien besteht nicht zuletzt in ihrem Alterungseffekt – Moose, Flechten und lockere Erde bilden mit der Zeit eine lebhafte Patina und Färbung. Selbst billiges Betonpflaster wirkt so mit den Jahren »weicher«. Der Dampfstrahler zerstört jede Patina; wer sich also eine dekorativ verwitterte Pflasterung wünscht, sollte von derartigen Prozeduren absehen.

▲ Fliehende Linien
Der Maserverlauf dieser langen schmalen Steinplatten, aber auch die Art, wie sie zugeschnitten und im schrägen Winkel zur Wegrichtung verlegt sind, steigert die dynamische Wirkung dieses geschwungenen Wegs.

► Ansprechende Vogelperspektive
Ein differenziertes Schema aus in Kies verlegten blauen Mosaik- und Pflastersteinen formiert sich zu einer reizvollen Komposition, die kaum auf eine Bepflanzung angewiesen ist. Sie wirkt folglich das ganze Jahr über attraktiv, auch im Winter, wenn das Blattwerk der Stauden fehlt.

◀ Monochromes Musterbild
Der hier über Eck verlegte Schiefer interpretiert auf moderne Art das Klassische.

▲ Komplexe Einlegemotive
Die in einem Bett aus feinem Kies verlegten »Baumscheiben« bilden, kombiniert mit im Umriss ganz ähnlichen keramischen Elementen und durchsetzt mit Pflanzen, ein äußerst komplexes Muster, das die Kontrastwirkung einer ruhig strukturierten Fläche wie etwa Rasen erfordert.

◀ Betonplatten und Ziegelstein
Betonplatten erhalten durch Bänder aus Ziegel einen ganz anderen Charakter – eine Verwandlung, die durch das rasterartige Gittermuster erzeugt wird.

▲ Muster mit Einfassung
Die glatte Steineinfassung bildet einen Rahmen für das Fischgrätmuster und bewährt sich als »Klammer« für das kleinteilige, zerklüftete Natursteinpflaster.

▲ **Eingefräste Musterkonturen**
Fast nahtlos aneinander gefügte Steinplatten erwecken den Anschein eines durchgängigen Belags, der wie geschaffen ist als Hintergrund für die eingefrästen Musterkonturen, die nachträglich koloriert wurden.

► **Kiesel als Mosaik**
Aus in Größe und Färbung sorgfältig aufeinander abgestimmten Kieseln entwirft die Künstlerin Maggy Howarth die vielfältigsten Musterkompositionen.

► **Konzentrische Kreise**
Ein radiales Muster aus Kieseln, das sich, in Mörtel verlegt, als ideale Verknüpfung zweier Wege oder als Mittelelement eines runden Gartens anbietet.

Begrünung über Kopfhöhe

Ein Garten wird oft nicht nur von Bodenhöhe aus betrachtet, sondern auch von einem Fenster im Obergeschoss. Insbesondere in von hohen Mauern umschlossenen Gärten empfiehlt es sich, das Blickfeld darüber ebenso einzubeziehen wie das darunter.

Der Entwurf eines Gartens erschließt sich dem Betrachter am eindrucksvollsten beim Blick von oben nach unten – ob von einem Fenster im Obergeschoss, einer erhöhten Terrasse oder dem Balkon aus. So gesehen tritt die Wirkung einer klar strukturierten Bepflanzung wie die der räumlichen Gliederung am deutlichsten zutage. Die markanten Konturen einer Buchseinfassung oder sorgfältig erzogener Formschnittpflanzen kommen von oben betrachtet am besten zur Geltung, weil sie als Ganzes wahrnehmbar sind.

Während sich klar umrissene Gestaltungsmuster praktisch von selbst erschließen, erfordern naturnah gestaltete Bepflanzungen viel Freiraum, um ihren Reiz zu entfalten. Gras, Kies oder Pflaster sind wie geschaffen, um jenen ruhigen Teppich zu bilden, der den entsprechenden Rahmen für die verschwenderisch üppige Pracht bildet. Selbst wo kein Boden verfügbar ist, wie etwa auf halber Höhe einer Haus- oder Gartenmauer, können an Spalieren aufgeleitete Kletterpflanzen oder Topfgärten auf Regalen, aber auch in mit speziellen Trägern an der Wand angebrachten Trögen für Grün sorgen. Ein Netz von Wegen kann mit seiner grafischen Anordnung ein ähnlich ansprechendes Bild bieten wie ein Gemälde von Piet Mondrian. In der Planungsphase lassen sich solche Effekte gezielt auf dem Papier erzeugen. Falls es an Inspiration fehlen sollte, kann man sich durchaus an einem Ausschnitt eines Mondrian-Gemäldes orientieren. Der Raum zwischen den linearen Rastern entspricht dem Patchwork-Muster aus Grasflächen und Beeten. Besonders gut lässt sich diese Idee auf Gemüsegärten übertragen, die allein schon aus praktischen Erwägungen heraus ein komplexes Gefüge schmaler Wege erfordern. Die Pflanzreihen und Stangen, wie man sie für Bohnen etwa braucht, wirken aus der Vogelperspektive betrachtet besonders dekorativ.

In Städten steht man immer wieder vor dem Problem, dass der einzige Bereich, der als Garten in Frage kommt, auf Souterrain-Höhe liegt, die eigentlichen Wohnräume sich aber oberhalb

◀ **Zwei- und Dreidimensionalität**
Gärten mit markanter architektonischer Struktur erregen, von oben betrachtet, immer Aufmerksamkeit. Zweidimensionale Strukturen verbinden sich wirkungsvoll mit der dreidimensionalen Architektur und garantieren ein abwechslungsreiches Gesamtbild.

▲ **Pflanzflächen**
Die breiten Stufen zum Kellergeschoss bieten Platz für Topfpflanzen, die eine Verbindung zum Garten herstellen. Von dieser Treppe aus lassen sich auch die Pflanzen auf den Zinkblech-Hängeregalen versorgen, die ein abwechslungsreiches Topfpflanzensortiment präsentieren. Knapp über Bodenhöhe lädt ein großes Podest zum Sitzen ein; außerdem finden hier auch größere Tröge und Kübel Platz.

Mit Blick nach unten und oben

- Ein markant konturiertes Buchsmuster oder klar umrissene Formschnittpflanzen wirken von oben betrachtet immer ansprechend, insbesondere vor dem Hintergrund einer verschwenderisch üppigen naturnahen Bepflanzung.
- Gemüsegärten bieten mit ihren klar überschaubaren Weg- und Beetstrukturen von oben gesehen ein dekoratives Bild. Stangen und Stützen verleihen dem Grundriss dreidimensionale Wirkung.
- Rasterartige Strukturmuster sind für Grundrisse besonders empfehlenswert; als Inspirationsquelle bieten sich die stark geometrisch geprägten Werke abstrakter Kunst an.
- Projizieren Sie die Bepflanzung nach oben, damit sie von oben betrachtet einen unübersehbaren Blickfang bildet. Realisieren lässt sich diese Idee durch aufgehängte Pflanzgefäße oder Stützelemente wie Pergolen oder Laubengänge für Kletterpflanzen.

▲ **Kontraste: geometrische Strenge und überbordende Wuchsfreude**
Von oben ässt sich ein Buchsmuster am klarsten »lesen«. Hier bilden die Konturen der Buchseinfassung einen schönen Rahmen für ein Arrangement aus Rosen und Päonien.

► **Vogelperspektive**
Der Kontrast zwischen exponierten freien Flächen und komplexer Fülle tritt anschaulich zutage. Jedes der »Zimmer« auf den verschiedenen Ebenen hat seinen Charakter, der durch die jeweils unterschiedliche Wahl des Bodenbelags und der Ausstattung zusätzlich unterstrichen wird.

befinden. Wo eine Außentreppe die beiden Bereiche verbindet, lassen sich Topfpflanzen auf die Stufen stellen. Nutzen Sie auch die Mauern im Bereich der Treppe, um Regalböden für Pflanzen anzubringen; die einzelnen Töpfe lassen sich je nach Jahreszeit austauschen und neu arrangieren. Auch Hängepflanzen erweisen sich hier als sehr brauchbar: so empfehlen sich efeublättrige Pelargonien wie Blanche Roche mit weißen Blüten, aber auch Vectis Blaze mit dunkel purpurviolettem Flor oder eine der klassischen Hängekorbpflanzen wie Efeu und das reizvoll graulaubige *Helichrysum petiolare.*

So können in aufgehängten Trögen, die mithilfe stabiler Metallträger an der Mauer oder Wand befestigt werden, richtige kleine Gärten entstehen. Stellen Sie sich etwa vor, ein kleines Plätzchen mit einem Knotengarten aus Buchs einzufassen. Man braucht die Buchshecken und Formschnittpflanzen lediglich in längliche, lückenlos aneinander gereihte Blumentröge zu setzen, die, auf Fensterhöhe oder direkt unterhalb angebracht, einen Leuchtkasten einrahmen. So löst sich der dunkle Bereich darunter buchstäblich auf, auch wenn das Licht selbst angesichts der Tiefe der Pflanztröge (ca. 25–30 Zentimeter Höhe) nicht als Ganzes sichtbar ist.

Begrünen Sie die Mauern im Umkreis eines tieferliegenden Bereichs mit starkwüchsigen, vorzugsweise immergrünen Kletterern, die, direkt in die Erde gepflanzt, an vertikal oder horizontal gespannten Drähten oder Spalieren aufranken können. An einem geschützten warmen Standort bilden die weißen jasminähnlichen Blüten von *Trachelospermum jasminoides* mit ihrem bezaubernden Duft im Sommer einen reizvollen Blickfang. Als frostverträglicher erweist sich *Holboellia coriacea*, eine weitere starkwüchsige immergrüne Kletterpflanze, mit der sich Leitungen und Rohre kaschieren lassen.

Eine Begrünung über Kopfhöhe entsteht auch durch einen einfachen Laubengang, der sich aus leichtgewichtigen Metallbögen oder etwas massiver wirkendem Bauholz konstruieren lässt. Solche Strukturen erscheinen von oben ebenso dekorativ wie von innen. Um zu verhindern, dass tiefer Schatten entsteht, wird man die Stützen möglichst weit auseinander rücken und die Bepflanzung relativ luftig halten. Als rasch wachsende Kletterpflanzen haben sich *Wisteria sinensis, Vitis labrusca* und *Lonicera japonica* Halliana bewährt. Wo eine kompaktere Bepflanzung vorgesehen ist, bieten sich Hainbuchen an, die sich, entsprechend beschnitten, zu einem grünen Tunnel formieren lassen.

Ein linear gestalteter Grundriss Die Wegstrukturen und Pflanzreihen bilden eine reizvolle Musterkomposition, die an die graphische Wirkung eines geometrischen Gemäldes erinnert. Stangen und Pflanzgerüste bringen zusätzlich Höhe ein.

Wasser als Reflexionsfläche

Kein Bereich ist zu klein, um nicht Raum für eine winzige Wasserfläche zu bieten. Ob man sich an der Reflexion stehenden Wassers oder dem lebhaften Perlen eines kleinen Wasserlaufs freut, nichts vermag einen dunklen Garten wirkungsvoller aufzuhellen als Wasser.

◄ **»Spiegelteiche«**
Selbst ganz schlichte Folienteiche mit stehendem reflektierendem Wasser erzeugen faszinierende Spiegelungen. Entscheidend für ihre Wirkung ist eine gute Wasserqualität, wie sie UV-Filter, chemische Zusätze oder kombinierte Verfahren gewährleisten. Voraussetzung sind möglichst geringe Turbulenzen, denn nur eine ruhige Wasseroberfläche erbringt den gewünschten Effekt.

► **Pflanzen in Teichen**
Pflanzen verbessern die Wasserqualität, müssen aber unter Kontrolle gehalten werden, damit sie sich nicht übermäßig ausbreiten und die Reflexionsfläche verkleinern. Dieser Teich veranschaulicht die Wirkung einer tiefer liegenden Wasseroberfläche und den Effekt von auf unsichtbaren Sockeln aufliegenden Trittstufen, die über dem Wasser zu schweben scheinen.

Wasser ist ein Medium mit einer unüberschaubaren Farbpalette, in die nicht nur die Farben des Hintergrunds, sondern auch die der unmittelbaren Umgebung einfließen. Um die Wirkung der Reflexion in stehendem Wasser zu steigern, empfiehlt es sich das Teichbecken mit schwarz gestrichenem Gipsmörtel, Teichfolie, vor Ort gegossenem schwarzem Kunstharz oder schwarzem Ziegelstein auszukleiden, wobei die Wahl des Materials auch von der Form des Beckens abhängt. Für einen großen Teich empfiehlt sich Teichfolie oder eine vor Ort gegossene schwarze Kunstharzschale, während sich für kleinere geometrische Becken auch Ziegelstein oder farblich angepasster Gipsmörtel eignen. Damit das Schwarz der Teichfolie erhalten bleibt, bedarf es guter Wasserqualität und konsequenter Reinigung; so ist das regelmäßige Entfernen von Laub und Moder vom Teichboden etwa ein absolutes Muss. Kleinere Teiche lassen sich leicht durch mechanische Filtersysteme und Pumpen unter Kontrolle halten, die, kombiniert mit einem UV-Filter Algen und andere Rückstände vernichten. In einem Teich ohne Pflanzen lassen sich auch Chemikalien, wie sie in Swimmingpools verwendet werden, einsetzen.

Bei »Spiegelteichen« muss man vor allem auf randbündige Wasserhöhe achten. Ein randvoller Teich kann eine frappierende Wirkung entfalten, insbesondere wo das Gras unmittelbar bis zum Wasser reicht (s. Seite 138 oben). Dabei empfiehlt es sich, die Grasnarbe durch eine schwarze Metallabgrenzung einzufassen. Beim Rasenmähen sollte man allerdings aufpassen, dass möglichst wenig Gras ins Wasser fällt, denn es muss nachträglich mühsam herausgefischt werden.

Das Glitzern des Wassers

- Um in den Genuss einer optimalen Wasserreflexion zu kommen, empfiehlt es sich, das Teichbecken mit Schwarzfolie auszuschlagen.
- Die Wasseroberfläche eines »Spiegelteichs« kann plan mit der Umgebung abschließen und somit eine »rahmenlose« Wirkung erzielen.
- Eine von der Umgebung abgesenkte Wasseroberfläche erzeugt eine eher dreidimensionale Rahmenwirkung.
- Ein Teich mit organisch »fließenden« Formen wirkt in kleinen Gärten beinahe immer unbefriedigend, denn um zur Geltung zu kommen, bedarf es eines weit größeren Umfelds.
- Setzen Sie nicht zu viele Pflanzen in einen kleinen Teich; um eine optimale Reflexion zu garantieren, gilt es einen Großteil der Fläche frei zu halten.

◄ **Randvoll mit Wasser**
Die Verbindung von Gras und Wasser auf nahezu gleicher Ebene erzeugt einen überraschend reizvollen Effekt, wie er sich in der Natur kaum je findet. Als Rand zwischen Gras und Wasser eignet sich eine schwarze Metall- oder Kunststoffabgrenzung.

◄ **Chamäleonartige Effekte**
Wasser ist ein vielseitiges Medium, das sich den unterschiedlichsten Gestaltungsschemen anpasst. Mehr oder weniger isoliert von der Bepflanzung lässt sich ein erhöhtes Becken nahezu bis zum Rand mit Wasser füllen und somit in ein architektonisches Element verwandeln. Auf diese Weise wird die enge Verbindung zwischen Wasseroberfläche, Stein und Glas unterstrichen, zugleich aber auch die Abgrenzung zur Welt der Natur.

► **Formal gestalteter Teich, umgeben von üppigem Grün**
Dieser Teich hellt nicht nur die Wirkung der vorwiegend grünen Bepflanzung auf, sondern entfaltet zugleich eine formale Geometrie, die sich kontrastreich von dem Bild überbordender Wuchsfreude ringsum abhebt.

Nicht ganz so beeindruckend, dafür aber weniger aufwändig sind Stein- oder Ziegeleinfassungen im Umkreis von »Spiegelteichen«. Auch hier kann die Wasseroberfläche bis unmittelbar an den oberen Rand reichen.

Manchmal kommt aber auch ein abgesenkter Wasserspiegel gut zur Geltung, insbesondere bei Teichen, deren Einfassung markant übersteht oder Becken, in denen auf niedrigen Sockeln ruhende Trittstufen den Eindruck erwecken, über der Wasserfläche zu schweben (s. Seite 137). Eine abgesenkte Wasseroberfläche steigert die dreidimensionale Wirkung und setzt den Teich somit als in sich geschlossenes Element von seinem Umfeld ab. Um die Illusion gläserner Transparenz zu erzeugen, ist jede Bewegung des Wassers zu vermeiden und sind Umwälzungsöffnungen möglichst tief anzubringen.

Wesentlich schwieriger zu gestalten sind Teiche mit organisch »fließenden« Formen Sie gehören meiner Ansicht nach auch nicht in kleine Gärten, wo klar abgegrenzte geometrische Formen so viel besser zur Geltung kommen. »Natürlich« anmutende Teiche mit unregelmäßigen Buchten wirken nur in großen parkähnlichen Anlagen faszinierend, werden sie dort doch als Teil der Landschaft oder des wesentlich weitläufigeren Gartenbilds wahrgenommen. Wasserelemente wie Pferdetränken, Mühlteiche oder Brandweiher sind in der Regel künstlich angelegt und folgen in der Form somit weniger ästhetischen als vielmehr praktischen Gesichtspunkten.

Ein ganz wichtiger Aspekt im Hinblick auf Teiche in kleinen und vor allem dunklen Gärten ist die Reflexion des Lichts im Wasser. Wenn man am Rand des Wassers steht und im richtigen Winkel auf die Wasserfläche schaut, sollte man den Himmel darüber im Blick haben und von Weitem betrachtet das Spiegelbild der Umgebung. Um diesen Effekt der Reflexion noch zu steigern, ließe sich eine imposante Skulptur, eine Vase oder ein kleiner baulicher Blickfang im näheren Umkreis des Teichrands platzieren, vielleicht auch ein Element, das aus dem Wasser herausragt.

Auch Wasserpflanzen bilden beeindruckende Silhouetten und helfen zusätzlich, das Wasser klar zu halten. Allerdings darf man sie nicht zu dicht pflanzen, denn nur wenn ein Großteil der Wasseroberfläche frei bleibt, kommt man in den vollen Genuss faszinierender Spiegelungen.

Spektakuläre Spiegeleffekte lassen sich bei Dunkelheit durch künstliche Beleuchtung der Pflanzen erzielen.

Fein aufeinander abgestimmte Bepflanzung
Wenn ein Teich so sparsam bepflanzt ist wie hier, darf die Vegetation im Uferbereich durchaus komplex sein. Die weitgehend freie Wasserfläche bietet viel Raum für Reflexionen des Himmels und der Bepflanzung ringsum.

Effekte wie im Theater

Bühnenschauplätze als Ideenfundus

Inszenieren einer Gartenparty

Ob in der Stadt oder auf dem Lande, ein Garten bietet den idealen Rahmen für Geselligkeiten. Machen Sie sich die Wirkung einer effektvollen Beleuchtung zunutze, arrangieren Sie das Mobiliar und dekorieren Sie je nach Anlass.

Eine der Hauptfunktionen des Gartens im 17. und 18. Jahrhundert bestand darin, einen Rahmen für gesellschaftliche Anlässe zu bieten. Als Schauplatz für Festlichkeiten, Theateraufführungen, Feuerwerke und Konzerte, aber auch Bankette erfuhr der Garten für diesen einen Tag oft umwälzende Verwandlungsaktionen. Auch heute noch kann man dem Garten mit relativ wenig Aufwand eine festliche Note verleihen und im Freien somit oft leichter als im Haus das entsprechende Ambiente schaffen.

Für die Bewirtung einer größeren Gesellschaft ist nicht nur Platz, sondern meist auch eine entsprechende Beleuchtung, eine Heizquelle, gegebenenfalls aber auch Regen- oder Windschutz erforderlich. In winzigen Gärten kann man den gesamten Raum mit einem Zeltdach überspannen, das sich an der Mauerkappe (vorausgesetzt, sie ist hoch genug) mittels fest angebrachter Ringschrauben vertäuen lässt. Möglicherweise wird man eine Art Mittelpfeiler, ähnlich einer Zeltstange benötigen, den man im Gras oder dem Sockel einer Wäschespinne verankern kann. Vielleicht sogar, dass man sich eines dieser speziell für Gärten entwickelten Gas- oder Elektroheizgeräte leihen oder kaufen wird. Und doch sind es nicht diese praktischen, sondern vorwiegend die dekorativen Veränderungen, die letztlich Eindruck machen.

Eine geradezu magische Wirkung entfalten Windlichter (s. Seite 105 und Seite 149). Sie eignen sich wunderbar, um bauliche Elemente »nachzuzeichnen«, ob sie auf den Fensterbrettern oder Leisten im Umkreis des Türrahmens arrangiert, in die offenen Felder von Spalieren gehängt oder entlang den Konturen von Wegen und Stufen eingesetzt werden. Am besten kommen sie in größerer Zahl zur Geltung, aber da man sie sowohl neu als auch gebraucht bekommt, dürfte es nicht schwer sein, gleich mehrere zu erwerben. Die Teelichter zur Beleuchtung halten sich einen ganze Abend lang. Wirkungsvoll sind auch elektrische Strahler mit einem Erdspieß, um Bereiche des Gartens auszuleuchten, die normalerweise nicht ins Auge fallen. Dabei gilt es die Lichtquelle grundsätzlich hinter Blattwerk, Töpfen oder Metallkappen zu verbergen.

Blumengewinde und Girlanden, wie man sie von alters her mit Festlichkeiten assoziiert, wirken im Garten besonders dekorativ. Hängen Sie sie zwischen den Bäumen auf, in größeren Gärten am besten in Form eines schönen tiefen Bogens. Traditionell wurden Girlanden aus immergrünem Blattwerk in Form kleiner Sträuße über einem starken Tau aus Lorbeer, Kirschlorbeer oder Portugiesischem Lorbeer gebunden. Am schönsten wirken sie, wenn sie im unteren Bereich üppiger und voller und zu den Enden hin schmaler

◀ **Vorhang auf für Gäste**
Schlicht gestaltete Gärten eignen sich als Rahmen für Festlichkeiten oft am besten. Hier bildet eine erhöhte Terrasse am Ende eines Gartens ein ideales Esszimmer im Freien. Der Raum ist vom restlichen Garten durch die glatten Stämme der Linden getrennt, zwischen denen große Girlanden aufgehängt wurden, wie sie sich aus Zweigen von Sträuchern oder langen Efeutrieben binden lassen.

▲ **Der Garten als Zelt**
Das Zeltdach, das den gesamten Raum dieses Gartens überspannt, besteht aus Polypropylen-Folie, deren Rand mit genieteten Löchern versehen ist. Ringschrauben im Bereich der seitlichen Mauern ermöglichen das Vertäuen der Plane, die in der Mitte durch eine Stange gestützt wird.

Kulissenzauber

- In einem sehr kleinen Garten genügt an Stelle eines Zelts zur Überdachung des Raums oft bereits ein Sonnensegel.
- Durch eine vorübergehende Beleuchtung mit Kerzen oder elektrischem Licht lässt sich ein Garten in den Abendstunden preisgünstig und ohne großen Aufwand verwandeln.
- Spektakuläre Gebinde und Girlanden spielen im Freien eine vergleichbar wichtige Rolle wie Blumenarrangements im Haus. Sie verleihen dem Raum eine festliche Note und eignen sich, zwischen Bäumen aufgehängt, zur Abgrenzung bestimmter Gartenbereiche.
- Zur vorübergehenden Abschirmung einzelner Räume bedarf es oft nur einiger Spaliere mit Pflanzen im Hintergrund.
- Schaffen Sie unterschiedliche Räume innerhalb des Gartens, denn diese verlocken Ihre zum Essen geladenen Gäste, den Garten bis auf den letzten Winkel zu erkunden. Machen Sie sich Gedanken über die jeweils besten Bedingungen im Hinblick auf Sonne und Schatten, Dunkelheit und Tageslicht.

werden. Wo zusätzlich Farbe erwünscht ist, können sie durch Blumen oder Früchte ergänzt werden. Binden lassen sich diese Dekorationen am besten mit Blumendraht. Befestigen Sie sie an Zäunen oder Türen; als vertikales Pendant eignen sich Quasten, die links und rechts davon angebracht Rahmenwirkung erzeugen. Mit winzigen Niedrig-Volt-Lämpchen in einem durchsichtigen Kunststoffschlauch umwunden, bilden Girlanden auch bei Dunkelheit einen Blickfang.

Arrangieren Sie die Gartenmöbel nicht nur zweckmäßig, sondern auch dekorativ. Das für das 18. Jahrhundert typische Mobiliar waren dunkelgrün gestrichene Windsor-Stühle, wie sie auch heute noch geschätzt werden, ob dekorativ zu formalen Blöcken aufgestellt oder zwanglos über den Garten verteilt. Wer kleinere Abweichungen zu akzeptieren bereit ist, kann sie relativ günstig zusammenkaufen und in einem dezenten einheitlichen Blaugrünton streichen. Für modern gestaltete Gärten bietet der transparente

Stapelstuhl von Philippe Starck eine optimale Lösung. Selbst wo sich größere Gruppen dieser »unsichtbaren« Stühle finden, wirkt der Garten nie »voll gestellt«.

Um eine Terrasse in einen Rahmen für eine Abendgesellschaft zu verwandeln, bedarf es einer Art Umgrenzung oder Abschirmung, und sei es nur andeutungsweise. Falls ein Essen vorgesehen ist, benötigen Sie außerdem eine Art Tischplatte. Wo der Raum nicht ohnehin bereits abgeschirmt ist, können Sie mit 1,80 Meter hohen Spalierelementen, die sich mit Draht fixieren und in einer zurückhaltenden Farbe wie Dunkelgrün, Grau oder mattem Blau streichen lassen, einen ansehnlichen Hintergrund für Blattpflanzen schaffen. Für eine improvisierte Begrünung eignen sich geschnittene Hopfentriebe, Eichenlaub oder andere kleinblättrige Zweige. Wie ich aus eigener Erfahrung weiß, macht es großen Spaß, mehrere solcher Räume zu entwerfen und den Gästen somit ein Spektrum verschiedener Blickwinkel und Perspektiven zu bieten, die zum Erkunden des Gartens einladen.

Der Garten als Theater
Wie ein Rahmen umschließen die bogenförmigen Nischen einer halbkreisförmigen Hainbuchenhecke die auf Sockeln ruhenden Urnen, die im Hintergrund durch eine zweite Hecke aus x *Cupressocyparis leylandii* begrenzt werden. Die Buchskugeln erinnern an Rampenlichter, auch wenn die Urnen durch eine zwischen den beiden Hecken installierte seitliche Beleuchtung angestrahlt werden. Kopien von Windsor-Stühlen des 18. Jahrhunderts schließen den Kreis, in dem nur noch die Gäste fehlen.

Essbereich
Ein Holzdeck mit seitlicher Abschirmung eignet sich bestens als Esszimmer im Freien. Um genügend Raum für die Stühle zu schaffen, rücken Sie die Töpfe und Kübel so weit wie möglich an den Rand.

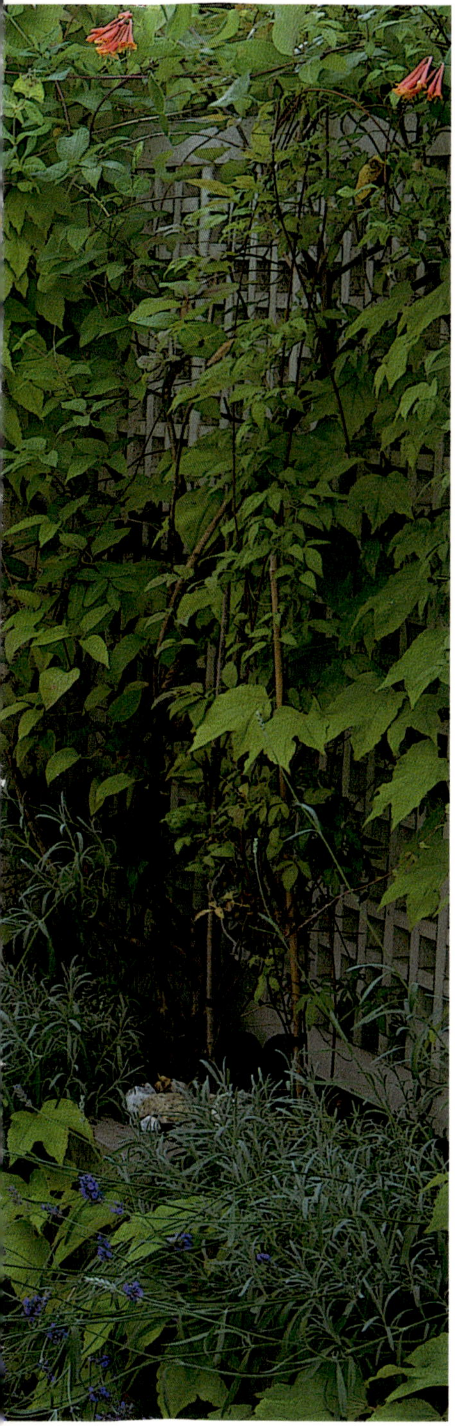

▲ **Improvisieren ist alles**
Die mobilen Elemente dieser nach Süden gerichteten 2,50 Meter breiten Terrasse lassen sich leicht umgruppieren, um mehr Platz für Tische und Stühle zu schaffen. Formschnittpflanzen in Töpfen sind ideal, um ein »Zimmer« im Garten zu begrenzen.

▶ **Raumteiler für eine Party**
Künstliche Girlanden aus Lorbeerblättern verleihen den hellgrau gebeizten Spalieren mit der bis auf halbe Höhe reichenden Stechpalmenhecke eine festliche Note. Spaliere eignen sich zur temporären Abschirmung und vermitteln ein Gefühl der Geborgenheit.

▶ **Abendliches Lichtspektakel**
Windlichter lassen sich mit ihren flackernden Kerzen zwischen den offenen Feldern eines Spaliers aufhängen, um die Eibenhecke im Hintergrund zu beleben. Befestigt wurden hier Vauxhall-Lichter mithilfe improvisierter Aufhänger aus Draht.

Markanter Blickfang

Jeder Garten sollte ein oder mehrere Objekte enthalten, die Aufmerksamkeit erregen und Blicke auf sich ziehen. Dazu eignet sich eine Skulptur, eine spektakuläre Vase, ein Fundstück oder der kühne Formschnitt einer Pflanze.

Es muss gar nichts Grandioses oder Wertvolles sein, was im Garten Aufmerksamkeit erregt – wichtiger ist der Überraschungseffekt und eine entsprechend sorgfältige Einbindung. Das kann ein schlichtes, mit der Laubsäge ausgeschnittenes Sperrholz-Ornament in Form einer Vase, eines Obelisken oder einer Figur sein. Eine Entfernung von wenigen Metern genügt, und schon lässt sich der Betrachter über dessen Echtheit hinwegtäuschen. Aussäge-Motive dieser Art kommen besonders gut im Gegenlicht zur Geltung, ein Effekt, den die Malerei mit der silhouettenartigen Wirkung der *Contre-jour*-Technik ausschöpft. Dabei bedarf es nicht einmal einer natürlichen oder künstlichen Hintergrundbeleuchtung; man braucht ein dunkel gestrichenes Aussäge-Motiv lediglich vor einer hell gestrichenen Mauer zu platzieren. Um eine optimale Wirkung zu erzielen, gilt es auf klar umrissene und markante Konturen zu achten – je eigenwilliger das Element, umso frappierender der Effekt. Man könnte sich aber auch überlegen, das ausgesägte Motiv zusätzlich in *Trompe-l'œil*-Technik zu bemalen (s. gegenüber), wobei solche dreidimensionalen Täuschungen des Auges in *Grisaille*-Malerei, monochromem Grau also, immer besser zur Geltung kommen als in Bunt. Von daher sollte man mit neutralen, insgesamt hell gehaltenen Steinfarben arbeiten und lediglich dezente Schatten einbringen. Auch wirkt eine skizzenhaft flüchtige Bemalung grundsätzlich effektiver als übertriebene Detail-Treue.

Eine ganz ähnliche Wirkung lässt sich erzielen, indem man ein Motiv aus einem Gemälde oder Foto digital einscannt und auf eine wasserfeste Folie überträgt; mit einer matten Beschichtung überzogen, erhält man eine weitgehend witterungsresistente Oberfläche. Das so reproduzierte Bild lässt sich als Aussäge-Vorlage nutzen oder auf einen großflächigen rechteckigen Hintergrund übertragen. Digitale Druckvorlagen können auch auf selbstklebende Vinylfolien aufgebracht und dann unmittelbar auf eine glatte Wand oder ein wasserfestes Brett appliziert werden – eine Technik, die sich die Werbung zunutze macht und die relativ preisgünstig ist. Selbstverständlich lassen sich auch Fotos extrem vergrößern, ich persönlich ziehe aber vergrößerte abstrakte Motive vor, die eine eher heitere Note einbringen und spontan Assoziationen an den in den 1950er Jahren wirkenden italienischen Designer Piero Fornasetti wecken.

Besagter Schuss Humor dürfte die Haupttriebfeder für die Gestaltung eines Blickfangs sein. Überlegen Sie, wie sich das Auge, unabhängig vom Vorhandensein des realen Objekts »realistisch« täuschen lässt: die angemalte Sperrholz-Kuh auf Seite 152 ist ein gutes Beispiel. Denkbar wäre aber auch ein Arrangement wie der Korb mit Blattwerk auf Seite 152. In seiner teils flachen und teils dreidimensionalen Ausformung fängt er das Licht ein und erzeugt zugleich markante Schattenwirkungen. Die grotesk-utopische Schlichtheit

◀ **Zum Abschluss ein Blickfang**
Das Ende des Gartens markieren hier Spaliere, die einen aus Sperrholz ausgesägten Korb mit Blattwerk einrahmen. Dieser Blickfang erregt Aufmerksamkeit und lenkt das Auge von der Umgebung auf der anderen Seite der Begrenzung ab. Unterstrichen wird die dramatische Wirkung zusätzlich durch eine Sequenz oval strukturierter Rasenbereiche.

▲ **Überzeugende Illusion**
Eine flache, aus Sperrholz ausgesägte und bemalte »Skulptur« bildet einen preisgünstigen Ersatz für eine »echte« Statue, insbesondere wenn diese in eigener Regie entsteht. Wie diese moderne Version beweist, ist die klassische *Trompe-l'œil*-Technik nach wie vor aktuell, auch wenn ihre Ursprünge bis ins antike Rom zurückreichen.

Blickfang

- Jeder Garten profitiert von einem Blickfang oder Anziehungspunkt, wobei es sich keineswegs immer um ein kostspieliges Objekt handeln muss. Experimentieren Sie mit schemenhaft schlichten, aus Sperrholz ausgesägten Formen.
- Die Digitaltechnik ermöglicht die Erstellung nahezu beliebiger Vergrößerungen, die sich innerhalb einer Gartenszenerie als Kulisse anbieten.
- Wählen Sie als Hintergrund für eine Skulptur, einen Topf oder eine Vase eine möglichst schlichte Fläche, vor der sich das Ornament in irgendeiner Form einrahmen lässt.
- Moderne Skulpturen-Kopien kommen weit besser zur Geltung, wenn sie bereits eine gewisse Patina zeigen. Um diesen Alterungsprozess zu beschleunigen, kann man auf unterschiedliche Weise künstlich nachhelfen, zum Beispiel mit Buttermilch.
- In Gärten, in denen mehr als ein Blickfang Aufmerksamkeit erregt, gilt es die einzelnen Objekte geschickt voneinander abzuschirmen.

◄ **Ländliches Flair**
Mehrere flache Sperrholzelemente wurden so zusammengefügt, dass das dreidimensionale Bild einer grasenden Kuh entstand. Trotz der starken Vereinfachung, wirkt diese Illusion von Weitem gesehen täuschend echt, denn wie in Wirklichkeit werden die Umrisse des »Tiers« durch die schwarzweißen Flecken gebrochen und die Konturen somit zugleich wirkungsvoll verwischt.

▼ **Lichteffekte**
Eine starke Beleuchtung vereinfacht und reduziert die Form eines Gegenstands auf flächige, plakativ wirkende Konturen. Markante, beinahe grob umrissene Aussäge-Motive können verblüffender wirken als jedes reale Objekt, insbesondere von Weitem betrachtet.

Reizvolle Patina
Jede überbordend naturhafte Bepflanzung profitiert von einem Blickfang, wie er hier in Form einer Skulptur in Erscheinung tritt. Eine moderne Steingussfigur im Stil des 18. Jahrhunderts hat dank der Alterungsspuren beachtlich an Wirkung gewonnen. Die auf der Oberfläche angesiedelten Flechten mildern die sterile Kälte, die neues Material oft zeigt.

des an Comics erinnernden Ornaments tritt von Weitem wesentlich überzeugender zutage als jedes detailliertere und weniger plakative Objekt.

Im Handel erhältlich sind aber auch nach Original-Skulpturen gefertigte Kopien, wobei das Spektrum von der Klassik bis zur Moderne reicht. Neue Steinornamente haben den Nachteil, dass die Oberfläche anfangs einfach zu steril wirkt und erst mit der Zeit die begehrte Patina entwickelt. An feuchten schattigen Standorten kommt dieser Alterungsprozess aber bereits innerhalb weniger Jahre in Gang, und durch Aufbringen von Buttermilch, Jauche oder gebrauchsfertigen Patinierungslösungen lässt er sich zusätzlich beschleunigen. Wo immer es das Budget erlaubt, empfehle ich einen Bronze-Abguss mit reizvoll grüner Patina oder eine Kopie aus blassgrau oxidiertem Blei – beide von unübertrefflicher Wirkung! Ob im formal oder naturnah gestalteten Garten – mit einem schlichten Hintergrund ist man immer gut beraten. Dieser kann aus Pflanzen oder einem baulichen Element bestehen, wobei sich natürlich auch eine Kombination beider Elemente anbietet. Überlegen Sie sich auch, ob der Hintergrund einen Kontrast zu dem betreffenden Objekt bilden oder dieses ergänzen soll. Die meisten Objekte profitieren von einer Art Rahmenwirkung, wobei diese aus einer Nische oder einer andeutungsweisen Vertiefung bestehen kann. Auch eine Einfassung im Vordergrund kann das Auge gezielt lenken, ebenso eine rahmenartige Bepflanzung, ein Weg, ein Torbogen oder eine Pergola.

Zu bedenken ist auch, dass der Betrachter nicht mehr als ein Objekt auf einen Blick wahrnehmen sollte. Schließlich ist es weitaus faszinierender, nach und nach zu entdecken, was der Garten an Sehenswertem zu bieten hat. Wo zunächst nur eine vage Ahnung vermittelt wird, entsteht unwillkürlich jenes Gefühl der Spannung, das zur Entdeckung immer neuer Überraschungen anregt.

Harmonisch in Größe und Proportion
Pergolen verlangen als Abschlusselement geradezu nach einem Blickfang, der in der Proportion allerdings dem Rahmen entsprechen sollte. Ohne zu viel Masse einzubringen, wirkt diese Skulptur imposant genug, um innerhalb dieser mächtigen Pergola magnetartig die Aufmerksamkeit auf sich zu ziehen. Hier ist ein ruhiger Hintergrund besonders wichtig, da die Pergola mit ihrer üppigen Bepflanzung optisch sehr lebhaft wirkt.

Kulissen wie im Theater

Schaffen Sie eine imposante Rahmenwirkung, indem Sie mehrere, aus Sperrholz ausgesägte »Wände« wie die einzelnen Gänge einer Theaterkulisse hintereinander aufreihen, oder beleben Sie eine triste Ecke in Ihrem Garten mit Bühnenaccessoires.

Obwohl der Effekt bemalter Leinwand im Kapitel »Zurückweichende Wände« (s. Seite 46–51) bereits behandelt wurde, soll er unter einem anderen Aspekt hier erneut beleuchtet werden: der Frage, wie sich theaterwirksame Tricks und Illusionen direkt auf die »Gartenbühne« übertragen und einbinden lassen. Unbestritten ist, dass das Theater im 17. Jahrhundert einen nachhaltigen Einfluss auf das Erscheinungsbild des Gartens hatte. So konstatierte John Evelyn, der namhafte Gartengestalter des 17. Jahrhunderts, dass die Gärten in London »alle aus Marzipan und Pappkarton [seien], und mehr nach Farbe als nach Pflanzen und Garten dufteten«, womit Evelyn mit dem Hinweis auf Marzipan auf die für seine Zeit typischen architektonischen Dekorationen im kulinarischen Bereich anspielte. In jedem Garten gibt es Stellen, an denen praktisch nichts wächst, und die folglich auch kaum etwas zu bieten haben. Gerade an diesen Orten aber erscheint ein Quäntchen Theatralik angebracht. Insbesondere in engen, dunklen Hinterhöfen lässt sich ganz leicht ein Show-Effekt inszenieren, indem man den düsteren Charakter durch eine Pseudo-Grotte noch unterstreicht. Aus Sperrholz ausgesägte Elemente entfalten, in fein aufeinander abgestimmten Steinfarben oder Dunkelgrüntönen gestrichen, eine geheimnisvolle Tiefenwirkung. Ein Spiegel, der eine kahle Mauer reflektiert, könnte den Hintergrund bilden (s. gegenüberliegende Seite), wobei man diesen auf keinen Fall auf ein Fenster richten darf. Am besten lässt sich der Gewölbecharakter durch einfache gezähnte Schemen oder Stalaktiten, eingerahmt von ausgesägtem dunklem Blattwerk, wiedergeben. Die einzelnen Kulissen können relativ dicht aufeinander folgen. Man könnte sich

Souterrain-Bereiche – kein Platz für Pflanzen
Hier handelt es sich buchstäblich um Kulissen wie im Theater, die aus bemaltem wasserfestem Sperrholz angefertigt wurden. Der gesamte *Trompe-l'œil*-Effekt entfaltet eine dreidimensionale Wirkung, da die »Wände« leicht versetzt hintereinander aufgestellt wurden. Beträchtlich steigern lässt sich der Täuschungseffekt durch entsprechende Beleuchtung, ob frontal von unten oder zwischen den einzelnen Elementen der Szenerie.

Bühnenwirksame Effekte

- Effekte wie im Theater sind vor allem an Standorten gefragt, an denen selbst die robustesten Pflanzen keine Überlebenschancen haben.
- Nutzen Sie die Möglichkeit, das Auge mit bühnenwirksamen Ideen zu täuschen, und entwerfen Sie eine ganz und gar künstliche Garten-Szenerie mit flankierenden Wänden und einem Hintergrund, der durch seine bildhafte Wirkung oder durch schemenhaft ausgesägte Elemente besticht.
- Kombinieren Sie Realität und Blendwerk, und rahmen Sie die Ränder einer *Trompe-l'œil*-Szenerie mit echten Pflanzen ein.
- Entwerfen Sie mithilfe einfacher Laubsägeformen und schemenhaft plakativer Bemalung dreidimensionale Statuen, Schnitzereien oder Profile.
- Setzen Sie »Rampenlichter«, kaschiert durch schalenförmige Schirme ein.

Tiefe vortäuschen
Die symbolische Darstellung einer Grotte durch ausgesägte und angemalte Sperrholzelemente wird im Hintergrund durch einen Spiegel abgeschlossen. Da lediglich ein kleiner bogenförmiger Spiegel eingesetzt wurde, ist von der Szenerie vor dem Grotteneingang nur wenig sichtbar. Die Zahl der Elemente innerhalb der Grotte erscheint jedoch verdoppelt, sodass die Höhle tiefer wirkt als sie eigentlich ist.

▲ **Wechselwirkung von Illusion und Realität**
Hier verbinden sich Blendwerk und Realität, Klassisches und Prosaisches zu einem gelungenen Scherz. Tatsächlich vorhanden sind Mauer, Wandbrett und Zwiebelzöpfe. Wirkungsvoll ergänzt durch ausgesägte und bemalte »scheinplastische Profile« von Büsten und Urnen entsteht eine surreal anmutende Szenerie.

▶ **Feinstens aufeinander abgestimmt**
Spaliere, die vor dem Hintergrund einer weißen Mauer Torbögen andeuten, gliedern einen Garten und erzeugen im Bereich der Begrenzung vermeintliche Tiefenwirkung. Der für sich stehende Spitzbogen im Vordergrund rahmt das Blickfeld dahinter wie ein Proszenium ein.

aber auch eine tiefer gelegene Kellertür zunutze machen, um die Blickachse bis ins echte »Kellergewölbe« zu erweitern.

Ein geradezu perfektes Täuschungsmanöver lässt sich durch die Gegenüberstellung von Realität und Blendwerk inszenieren. So könnte man etwa einen Rahmen aus Sperrholz aussägen und vor einer besonders schönen Solitärpflanze oder einer dekorativen Vase oder Skulptur postieren. Ein Trick, der in der Vergangenheit immer wieder angewandt wurde, war, einige der Ränder eines *Trompe-l'œil*-Effekts durch einen dreidimensionalen architektonischen Rahmen zu verbergen, und die Basis sowie die anderen Ränder hinter echtem Blattwerk verschwinden zu lassen.

Geschickt eingesetzt, lassen sich mit flachen Sperrholzformen ohne größere Kosten auch recht komplexe räumliche Wirkungen erzielen. Dabei bedarf es keiner detaillierten Ausarbeitung der dreidimensionalen Objekte, denn es ist vielmehr der skizzenhafte Charakter, der die Schnitzereien und Profile letztlich so überzeugend wirken lässt, wie die gotischen Torbögen auf Seite 160 anschaulich belegen. Von Weitem betrachtet, erscheinen sie wie kunstvoll geschnitzte Bögen, die als Abschluss ein schmuckes Ananas-Ornament zeigen, und selbst von Nahem wirkt es keineswegs störend, dass es sich lediglich um Blendwerk handelt. Die Abschluss-Ornamente bestehen aus vier flachen Profilen, von denen zwei im rechten Winkel zusammengefügt und die anderen beiden, in vier Teile geschnitten, im 45-Grad-Winkel in die Zwischenräume geleimt wurden, um diese auszufüllen. Die gleiche Idee lässt sich auf eine ganze Reihe regelmäßiger und unregelmäßiger Formen übertragen. Obwohl solche Objekte eine gewisse räumliche Vorstellungskraft erfordern, lassen sich auf diese Weise viele dreidimensionale Formen andeuten. Man benötigt nichts weiter als eine Laubsäge oder elektrische Dekupiersäge, wasserfestes Sperrholz und witterungsbeständigen Leim.

Eine wichtige Überlegung ist, wie sich diese »Wände« tagsüber und nachts beleuchten lassen. Bei einer Reihe fest installierter Kulissen bieten sich Strahler an, die, auf Bodenhöhe dazwischen verankert, mit unterschiedlich starken Lampen ausgestattet sein könnten, um das Licht kontinuierlich abzustufen. So empfiehlt es sich, die helleren Lampen weiter hinten und die gedämpfteren im Vordergrund einzusetzen.

Eine Alternative wären Bodenstrahler im Vordergrund der Szenerie. Die Strahler selbst lassen sich hinter traditionellen schalenförmigen Schirmen verbergen, die es auch heute noch aus Messing oder anderem Metall zu kaufen gibt. Am besten kommt im Garten ein dunkler Grünton zur Geltung.

Optische Spielereien

- Ohne größeren Aufwand lassen sich Spalierlatten so arrangieren, dass sie eine falsche Perspektive erzeugen.
- Verringern Sie den Abstand zwischen einer Reihe Pfeiler ganz allmählich, indem Sie sie mit wachsender Entfernung zunehmend näher zusammenrücken. Dieses Prinzip der Reduktion lässt sich gleichermaßen auf Beete, Rasenflächen und Wege übertragen.
- Schlichte, sich wiederholende vertikale Strukturen wie Pfeiler oder größere Pflanzgerüste innerhalb eines Beets oder Rasens steigern die Tiefenwirkung.
- Passen Sie die Gliederung oder den Abstand zwischen den einzelnen Pflanzen entsprechend an, um die Illusion von Ferne zu verstärken.
- Versuchen Sie Effekte, wie etwa den Blick in die Ferne zu imitieren, indem Sie die Farben der Bepflanzung gezielt abstufen.

schauen«, aber mindestens 1,50–1,80 Meter hoch sein. Doppelreihen, gegebenenfalls aber auch Dreier- oder Viererreihen, bilden im Abstand von 1,20 Meter einen reizvoll strukturierten Rahmen, der einem Rasen perspektivische Wirkung verleiht. Als Abschluss eignen sich schlichte dekorative Elemente, die, naturweiß oder hellgrau gestrichen, markant über dem Rasen, einer Kiesfläche oder einer Unterpflanzung hervortreten.

Ein konisch zulaufendes Rasenstück, Beet oder Wegmuster erzeugt einen ganz ähnlichen Effekt einer falschen Perspektive, der auf den ersten Blick allerdings kaum als optische Täuschung erkennbar ist, es sei denn, man betrachtet das Arrangement aus der Vogelperspektive. Selbstverständlich lassen sich all diese Einfälle nach Belieben noch verfeinern. Eine Reihe allmählich schmaler werdender Buchs-Rauten

▲ Die Illusion von Tiefe erzeugen
Die Wiederholung von Strukturen, wie sie hier in Form der Stützpfeiler dieser massiven Pergola erfolgt, verleiht dem Garten eine gewisse Tiefenwirkung. Der Farbkontrast zwischen Pergola und Torbogen in der »Ferne« – blendend helles Holz im Vordergrund und gedämpftere Töne im Hintergrund – täuscht einen weit größeren Raum zwischen den beiden Objekten vor.

▲ Von Bäumen gesäumter Weg
Dem gleichen Prinzip der Wiederholung folgen hier die kahlen Hochstämme von Hainbuchen, die einem kurzen Rasenweg eine optisch zurückweichende Wirkung verleihen. Ein Zerrspiegel am Ende des Wegs wirkt wie eine imaginäre Öffnung in der Begrenzungsmauer und »verlängert« die Blickachse somit zusätzlich.

entfaltet eine faszinierende Zickzack-Dynamik, die das Auge unmittelbar zum Kulminationspunkt führt. So können auch die Abstände zwischen Baumreihen, Hochstammrosen oder anderen signifikanten Strukturpflanzen, die ganz von der gestalterischen Wirkung rhythmischer Wiederholung »leben«, mit der Entfernung kleiner werden.

Die gleichen Ideen lassen sich auch auf naturnah gestaltete Bepflanzungen übertragen. So würde es sich anbieten, größere Gruppen stattlicher, entsprechend weit auseinander gesetzter Pflanzen im Vordergrund kleineren und niedrigeren Pflanzenhorsten, die mit wachsender Entfernung dichter zusammenrücken, gegegenüberzustellen, wobei auch die Beete an sich schmaler werden könnten. Dieser Trick funktioniert nicht nur im Fall von geraden Linien, sondern ebenso bei konisch zulaufenden oder bogenförmig gestalteten Beeten.

Ein solcher Effekt lässt sich durch den Einsatz von Farbe unterstreichen. In einem langen Beet, das vorwiegend von einem Ende aus betrachtet wird, könnte man dunkle opulente Töne im Vordergrund ansiedeln. Diese könnten allmählich einer blasseren Bepflanzung mit weniger flirrenden Farben im Mittelgrund des Beets Platz machen und dann mit graulaubigen Pflanzen in kühleren Tönen den Anschein von Ferne und Dunst erwecken. Graulaubige Pflanzen mit kleinen weißen oder blauen Blüten eignen sich am besten, um dem Auge »Entfernung« vorzugaukeln. Experimentieren Sie mit Katzenminze, Lavendel, Heiligenkraut, *Tanacetum densum* oder *Festuca glauca* beispielsweise. An dunkleren Pflanzen mit größeren Blättern, die sich für den Vordergrund eignen, sind *Macleaya microcarpa, Cotinus coggygria, Heuchera sanguinea* und *Atriplex hortensis* var. *rubra* zu nennen.

Progressiv rustikal
Ein konvexer Spiegel, dessen Ränder unter einem Rahmen aus Zweigen und Kork verschwinden, reflektiert das Bild eines kleinen Gartens und setzt im Inneren des rustikalen Sommerhauses ein Glanzlicht. Die Kombination von grob strukturiertem Naturmaterial und glattem Spiegelglas knüpft an den Zeitgeschmack des frühen 19. Jahrhunderts an, der verblüffende Kontraste wie diese favorisierte.

Nebeneinander unterschiedlich großer Gestaltungselemente

Wer nicht stur an den Proportionen im Garten festhält, wird überraschende Effekte erzielen. Insbesondere bei begrenzten Platzverhältnissen lässt sich mit übergroßen Objekten oder Pflanzen ein Hauch Grandeur entfalten.

Vieles in Haus und Garten steht in engem Bezug zur menschlichen Körpergröße. Türen und Tore sind entsprechend hoch und breit, die Sitzgelegenheiten befinden sich, von kleineren Abweichungen abgesehen, gleich weit über Bodenhöhe, um nur zwei Beispiele anzuführen. Ausgehend von erwartungsgemäßen Größenverhältnissen kann es aber durchaus Spaß machen, diese mehr oder weniger subtil zu modifizieren. Obwohl solche Modifikationen hauptsächlich die baulichen Elemente betreffen, lassen sich die gleichen Tricks auch auf die Auswahl und Kombination der Pflanzen ausdehnen.

Einfache Designideen wie Veränderungen der Breite des Holzdecks oder, im Fall von Kies, eine unterschiedliche Körnung, können das Bild nachhaltig beeinflussen: so lässt schmal strukturiertes Holzdeck einen kleinen Raum beispielsweise größer erscheinen. Diesen Effekt kann man durch übergroße Töpfe (s. Seite 171) oder andere große, aber schlicht gehaltene Elemente wie Pfeiler oder stattliche Pflanzenhorste zusätzlich unterstreichen. Trotz ihres beträchtlichen Platzbedarfs brechen sie den Raum auf, indem sie die Überschaubarkeit erschweren und optisch über seine wahren Ausmaße hinwegtäuschen.

Das kontrastreiche Nebeneinander von Objekten, die die gewohnten Größenvorstellungen sprengen – unverhältnismäßig größeren und kleineren Objekten also – ist ein Gestaltungstrick, der nie seine Wirkung verfehlt. Eine vergleichsweise kleine Tür, eine Öffnung in einer Mauer oder einer Hecke verfälschen die Proportionen wirkungsvoll, denn das Auge nimmt sie als wesentlich ferner wahr, als sie es tatsächlich sind. Damit diese Illusion funktioniert, müssen andere erwartungsgemäß große Objekte wie ein Tisch oder Stühle indes aus dem direkten Blickfeld verschwinden. Wer aber Spaß am Experimentieren mit unterschiedlichen Größen hat, kann, wie auf Seite 169 veranschaulicht, eine sehr niedrige, dafür aber breite Tür einer Sitzgelegenheit in korrekter Höhe gegenüberstellen.

So können selbst winzige Gärten in der Stadt von einem übergroßen Objekt profitieren. Stellen Sie in einem 5 Quadratmeter großen Bereich eine riesige Vase auf ein stattliches Podest, und Sie werden sehen, dass diese unweigerlich eine grandiose Wirkung entfaltet – zusätzliche Effekte erübrigen sich dabei meist von selbst. Um dieses Prinzip weiter zu verfolgen, kann auch eine große Formschnittpflanze oder ein einzelner Baum mit ausladender Krone (entsprechende Schnittmaßnahmen, die genügend Licht garantieren, vorausgesetzt) einen kleinen Bereich weiträumiger erscheinen lassen, zumal das dominierende Objekt unwillkürlich zum Hauptblickfang der Szenerie

Überraschend größer oder kleiner?

- Täuschen Sie das Auge, indem Sie Elemente wie Türen, Tore oder Sitzgelegenheiten, die, an der menschlichen Statur gemessen, eine bestimmte Größe haben, gezielt modifizieren.
- Setzen Sie sich über die »gängigen« Größenverhältnisse hinweg; Regeln sind dafür da, gebrochen zu werden.
- Stellen Sie überdimensionierte Objekte neben unterdimensionierte um Kontraste zu schaffen.
- Integrieren Sie ein riesiges überdimensioniertes Objekt, einen Baum oder Strauch in einen kleinen Garten, um ihm einen Hauch Grandeur zu verleihen.
- Verwenden Sie großes, auffallend texturiertes Blattwerk im Vordergrund der Szenerie, um einen Kontrast zu glatterem Laub in der Ferne zu schaffen.

◄ **Verzerren der Proportionen**
Durch überdimensionierte Elemente im Vordergrund und Unterdimensionierung in der Ferne erreicht man, dass ein Garten größer erscheint als er tatsächlich ist, nicht zu vergessen die witzige Note. Die unverhältnismäßig kleine Tür am Ende eines allmählich schmaler werdenden Wegs wird hier von kontinuierlich kleiner werdenden Buchskugeln gesäumt.

► **Überraschungseffekt Proportion**
Die niedrige breite Tür eines Gartenpavillons verleiht dem baulichen Element an sich schon überraschende Dimensionen. Für Irritation sorgt das Pendant einer Bank in Normhöhe, mit der die Größenverhältnisse in Frage gestellt werden, zumal das Auge bereits minimale Verzerrungen zu erkennen vermag.

wird. Eine schirmförmig erzogene *Catalpa*, wie sie in winzigen provençalischen Innenhöfen überall als Schattenspender geschätzt wird, veranschaulicht beispielhaft, wie wirkungsvoll diese Missachtung gewohnter Größenverhältnisse sein kann. Oft ergeben sich solche Situationen auch rein zufällig. So kann sich ein kleiner Strauch mit den Jahren zu einem mächtigen Baum entwickeln, der einem ansonsten langweiligen Garten eine ganz individuelle Note verleiht. Wo es aber immer wieder die nicht vorgesehenen oder geradezu skurrilen Effekte sind, die einem Garten Charakter verleihen, gilt es diese nicht nur zu tolerieren, sondern konstruktiv aufzugreifen und einzubauen.

So wird man in einem kleinen Bereich in der Regel eher glatte, untexturierte Materialien und feinkörnigen Kies verwenden, die einen Raum größer erscheinen lassen als gröbere Strukturen. Sobald auf Kies mit grober Körnung im Vordergrund aber, durch eine entsprechende Abgrenzung unterbrochen, feiner gekörnter folgt, erscheint die mit dem feineren Kies bedeckte Fläche überraschend weit entfernt.

Die gleiche Idee lässt sich sowohl auf formal gegliederte als auch auf naturnahe Bepflanzungen übertragen. So entfalten kontinuierlich kleiner werdende Buchskugeln, Kegel oder andere Formschnittpflanzen, die einen Weg säumen, ebenso wie die geschickte Texturabstufung von auffallend gemustertem bis zu glattem Laub im Wildgarten eine ausgeprägt perspektivische Wirkung. Selbst wenn solche Gestaltungsideen weit hergeholt erscheinen mögen, so haben sie doch eine lange Tradition. Schilderungen von im 17. Jahrhundert verbreiteten architektonischen Gestaltungsschemen legen ausdrücklich eine gezielte Einbeziehung der Texturen von Formschnittelementen nahe, wie sie im Hinblick auf die »grüne Architektur« oft akribische Berücksichtigung fand. So wurden Stechpalme und Kirschlorbeer als grobe, Buchs, Eibe und *Phillyrea* als glattere Texturen eingestuft. Beispielhaft verwirklicht wurde diese Idee im 19. Jahrhundert im Brockenhurst Park in Hampshire, wo sie bis ins 20. Jahrhundert zu bewundern war.

▲ Kontrastierende Komponenten
Ein niedriger, dunkel belaubter Tunnel bildet einen einladenden Zugang zu einem Garten oder Gartenbereich, da er den offenen lichteren Teil größer und heller erscheinen lässt. Mit der Integration eines Tors, das zu einem anderen Gartenraum überleitet, kommt eine weitere Dimension ins Spiel.

► Großes auf kleinstem Raum
Der Kontrast zwischen den schmalen Planken des Holzdecks und den überdimensionalen Pflanz-Containern lässt diese kleine Dachterrasse ungewöhnlich weiträumig erscheinen. Dass dieser Trick funktioniert, lässt sich auf zweierlei Gründe zurückführen: erstens unterteilen die wie riesige Blöcke wirkenden Container den Raum in komplexe kleinere Bereiche, die das Auge irritieren, und zweitens gewinnt der Boden durch den Gegensatz zwischen Planken und Töpfen an Raumwirkung.

Sequenz von Zerrbildern im Miniatur-Garten
Der Kies im Vordergrund dieses winzigen Bereichs ist gröber als der im Hintergrund. Auch die Bepflanzung geht mit wachsender Entfernung in kleinere, weniger kompakte Formen über, wobei die mit Spalieren umschlossenen Eiben-Blöcke im hinteren Bereich enger zusammengerückt sind. Das Auge nimmt diese Eindrücke auf, ohne genau zu erkennen, wie die Illusion zustande kommt.

Register

Kursiv gedruckte Seitenangaben verweisen auf Abbildungen, **fett** gedruckte auf Kapitel.

Falsche Perspektive

Um die perspektivische Wirkung zu steigern, lassen sich aufeinander zulaufende Beete anlegen oder konvergierende Baumreihen pflanzen, Parterres mit wachsender Entfernung näher zusammenrücken und scheinbar zurückweichende Farben zur Simulation optischer Tiefe einsetzen.

◄ **Einfallsreich kaschiertes Rechteck**
Machen Sie das Beste aus einem langen, schmalen Garten, indem Sie ihn durch eine Reihe vorspringender Heckenelemente oder Spaliere unterteilen oder beide Elemente kombinieren, um die Illusion von Tiefe zu erzeugen. Mit zickzackförmigen Bepflanzungen oder Wegstrukturen lässt sich die Aufmerksamkeit erfolgreich in eine bestimmte Richtung lenken und ein Gefühl der Dynamik einbringen.

► **Spaliere mit dreidimensionaler Wirkung**
Ein solches Spalier lässt sich leicht selbst fertigen. Die äußeren Konturen des Lattenwerks verlieren sich hinter einem Rahmen aus Efeu, was die Tiefenwirkung zusätzlich steigert.

Die urbanen Gärten im Frankreich des 18. Jahrhunderts waren berühmt für ihr kunstvolles Gitterwerk, das mit seinem ausgeprägt architektonischen Charakter die Mauern angrenzender Häuser hinter falschen Perspektiven »verschwinden« ließ: das konnten Bögen sein, die aufeinander folgten oder illusorische Säulen, die sich in der Ferne zu verlieren schienen. Heute werden im Allgemeinen jedoch einfachere Lösungen bevorzugt.

Eine gewisse Tiefenwirkung lässt sich im Garten über architektonische Elemente erzeugen, indem man die Wirkung der aufeinander zulaufenden Konturen von Spalieren etwa nutzt. Ein effektvoller Rahmen für ein optisch scheinbar zurückweichendes Mittelobjekt entsteht durch horizontale und vertikale Latten, die, an eine Mauer oder Umzäunung geschraubt, zunehmend dichter zusammengerückt werden. Kontinuierlich schmaler werdende Stützpfeiler aus immer enger aufeinander folgenden vertikalen Latten lassen sich, über eine Wandfläche verteilt, zur Mitte hin zunehmend dichter zusammenrücken. Auch was die Höhe anbetrifft, können die Latten kontinuierlich kleiner werden.

Das wiederholte Auftreten einer Reihe vertikaler Strukturen im Bereich einer Pergola vermittelt, über die gesamte Länge betrachtet, ein Gefühl räumlicher Tiefe. Selbst in Reihen aufgestellte Pfeiler unterstreichen in einem Garten die perspektivische Wirkung. Besonders gut kommen solche Pfeiler im Bereich der Mittelachse eines Beets zur Geltung, denn sie erzeugen aufgrund der Wiederholung eine rhythmische Wirkung. Als Dekoration erfordern diese mindestens 12,50 Zentimeter starken Kanthölzer nichts weiter als eine Bleikappe oder eine schlichte Kugel als Abschluss. In der Höhe sollten sie mit ihrer unmittelbaren Umgebung harmonieren, um aus einem Staudenbeet »herauszu-

Dank

Sämtliche Fotos stammen von Marianne Majerus, ergänzt durch die im Folgenden angeführten Designer- und Ortsangaben.

2 Declan Buckley; 5 Chloe Wood; 6 Del Buono, Gazerwitz Landscape Architecture; 7 Kathy Miller; 8–9 Susanne Blair; 13 George Carter; 14 oben Miranda Holland Cooper, unten George Carter; 16 Declan Buckley; 17 Barbara Hunt; 19 Diana Yakeley; 20 oben Michèle Osborne, unten Christopher Bradley-Hole, RHS Chelsea 2004; 21 Christopher Masson; 22–23 Tom Stuart-Smith, Laurent-Perrier Harpers & Queen Garden, RHS Chelsea 2001; 25 Julia Brett; 26 Gardens & Beyond; 27 George Carter, Raf Fulcher, Elizabeth Tate, Plastik von Elizabeth Tate, Allegorical Garden, RHS Chelsea 1997; 28 Joe Swift; 29 oben Julie Toll, unten Gardens & Beyond; 31 Anthony Collett; 32 oben Michèle Osborne, unten Joe Swift; 33 Gardens & Beyond; 34 oben Christopher Masson; 35 Bunny Guinness; 36 Barbara Hunt; 37 George Carter; 39, 40, 41 Christopher Masson; 42–43 Bunny Guinness; 44–45 George Carter; 47 Sally Brampton; 48 George Carter; 49 George Carter, Raf Fulcher, Elizabeth Tate, A Vision of Versailles, RHS Chelsea; 50–51, 53 unten George Carter; 54 oben Declan Buckley, unten Chloe Wood; 55 George Carter; 56 oben und unten Susanne Blair; 57 Ali Ward, Malerei von Mark Maxwell; 59 Claire Mee Designs; 60 Gardens & Beyond; 61 Ruth Collier; 62 Michèle Osborne; 63 George Carter; 66–67 Peter Chan & Brenda Sacoor, Silverstream, Weybridge; 68–69 Claire Mee Designs; 71 Christopher Masson; 73 Sarah Hosking; 74–75 George Carter, Christie Sculpture Garden, RHS Chelsea 1999; 76–77 Declan Buckley; 79 Marie Clarke; 80 oben George Carter, Raf Fulcher, Elizabeth Tate, unten Philip Nash, Steel and Glass, RHS Chelsea 2004; 80 Christopher Bradley-Hole, RHS Chelsea 2004; 82 Dominique Lubar; 85, 87, 88 George Carter; 89 unten Heather Wilson; 91 Hotel Tresanton, St Mawes, Cornwall; 92 Stephen Woodhams; 93 George Carter; 94 Michèle Osborne; 95 Phil Jaffa mit Patrick Collins, Knightsbridge Urban Renaissance Garden, RHS Chelsea 2004; 97 George Carter; 98, 99 Claire Mee Designs; 100, 101 oben George Carter; 103 Claire Mee Designs; 104, 105 George Carter; 106–107 www.spidergarden.com, Japanese Garden, RHS Chelsea 2000; 108–109 Christopher Bradley-Hole; 111 Del Buono, Gazerwitz Landschaftsplanung; 112 oben George Carter, unten Gardens & Beyond; 113 Christopher Masson; 114 unten Gardens & Beyond; 115 oben RHS Chelsea Flower Show 1998; 118 Chloe Wood; 119 oben Lucy Sommers, unten Peter Chan; 120–121 Julie Toll; 123 Bunny Guinness; 124 Terence Conran & Nicola Lesbirel, Laurent Perrier Harpers & Queen Garden, RHS Chelsea 2004; 125 Michèle Osborne; 126 oben Marney Hall, RHS Hampton Court 2002, Mitte Paul Cooper, unten links Claire Mee Designs, unten rechts Christopher Masson; 127 oben Phil Jaffa mit Patrick Collins, Knightsbridge Urban Renaissance Garden, RHS Chelsea 2004, Mitte Jane Hudson & Erik de Maeijer, Kiesel-Mosaik-Weg von Maggy Howarth, Cancer Research UK Life Garden, RHS Chelsea 2004; unten Marc Schoellen; 128–129 Del Buono Gazerwitz Landscape Architecture; 132 Tom Stuart-Smith; 133 Paul Thompson; 134–135 Mark und Anne Reeder; 137 Declan Buckley; 138 oben Christopher Bradley-Hole, »Garden From the Desert«, RHS Chelsea 2003, unten Jacques Wirtz, Banque Générale du Luxembourg; 139 Kathy Miller; 140–141 Dan Pearson, Merrill Lynch Garden, RHS Chelsea 2004; 142–143 Del Buono, Gazerwitz Landschaftsplanung; 145, 146–147 George Carter; 148 Christiane Schwartz-Majerus; 149 oben und Mitte George Carter; 152 oben George Carter, Raf Fulcher, Elizabeth Tate, A Vision of Versailles, RHS Chelsea, unten George Carter; 153 Jill Billington; 154–155 Paul Thompson; 157 George Carter; 158 Ausgesägte Porträts von Louise Dowding, Yews Farm, Somerset; 159, 160 George Carter; 161 Paul Cooper; 162 Mary Payne; 164 Chloe Wood; 165 Bunny Guinness; 166–167 George Carter; 169, 170 Bunny Guinness; 171 Diana Yakeley; 172–173 Woodpeckers, Warwickshire.